슬픈 세상의

정
혜
운

기쁜 말

당신을 살아 있게 하는 말은
무엇입니까

슬기쁜세 상말의

당신을 살아 있게 하는 말은
무엇입니까

정혜윤

nox

프롤로그

자기 자신을 말하기

자기 자신을 말하기

출발지가 어디인지는 모르겠다. 그러나 어디인지 알 수 없는 그곳으로부터 '북서풍을 맞으며 130킬로미터'를 가면 여행자들은 동지와 하지, 춘분과 추분이면 일곱 나라의 상인들이 모인다는 도시 에우페미아에 도착할 수 있다. 그 도시의 풍경은 이렇다. 생강과 목화를 가득 싣고 도착한 배는 다시 닻을 올리고 떠날 때 즈음이면 피스타치오와 양귀비 씨앗으로 선창을 가득 채운다. 또 다른 배에는 다른 물품들이 실린다. 배에 걸린 깃발은 같은 것이어도 실린 물건은 다르다. 그러나 상인들과 여행자들이 강을 건너고 사막을 가로질러 이 도시에 온 것은 어느 시장에서나 똑같이 찾을 수 있는 물품들을 교환하기 위해서만은 아니다.

상인과 여행자들은 밤이 되면 시장 주변에 환히 밝혀지는 모닥불 앞 통에 앉거나 양탄자에 비스듬히 누워 이야기를 하기 시작한다. 누군가 늑대, 누이, 숨겨진 보물, 전투 같은 말을 할 때마다 다른 사람들도 자기가 아는

프롤로그

늑대, 누이, 숨겨진 보물, 전투에 대해서 이야기하고 싶어진다. 그리고 우리 모두 아는바, 긴 여행 도중에 잠이 오지 않는 밤이면 우리는 지나간 추억들을 하나씩 하나씩 곱씹어본다. 그래서 에우페미아에서 북서풍을 따라 130킬로미터를 넘어 각자 온 곳으로 돌아갈 때 우리의 늑대는 다른 늑대가 되고 누이는 다른 누이가 되고 전투는 다른 전투가 되고 또 많은 단어들이 새로운 의미를 가진 다른 단어가 되고 어쩌면 우리도 다른 사람이…….

이탈로 칼비노의 『보이지 않는 도시들』에 나오는 이야기다. 이 단편소설의 제목은 '도시와 교환'이다. 칼비노는 도시는 돈과 상품만 교환되는 곳이 아니라 이야기, 경험, 추억들도 교환되는 곳이라고 말하려던 걸까? 틀리지 않을 것이다. 코로나와 기후위기 시대를 사는 한 사람으로서 나도 도시의 방역지침에 따라 이리저리 내 삶을 맞춰가며 살고 있다. "곧 보자", "그때까지 잘 지내고 있어", "건강하자", "서로 조심하자". 몇 번은 텅 빈 식당, 인적 없는 밤거리에 어린 서글픔을 감지하기도 했다. 그 서글픔 아래 있는 것 중 무엇이 가장 고통스러울까? 우리가 말하는 것, 혹은 말하지 않는 것? 말해져야 함에도 말해지지 않는 것? 다시 만나면 우리는 무슨 이야기를 나누게 될까? 우리가 "코로나"라고 말하면 너의 코로나와 나의 코로나가 만나서 조금 다른 코로나가 될 수도 있을까? 아니면 서로 어디에도 가닿지 못하는 파편 같은 말을 하게 될까?

이런 생각들을 하다가 나 자신에게 이런 질문을 자주 던졌다. '살아 있는데, 이 살아 있다는 것으로 무엇을 해야 할까? 무슨 말을 나눠야 할까?' 그 질문을 중심으로 여러 생각들이 잔물결처럼 퍼져나갔다. 그때 칼비노의 이야기도 생각나곤 했다. 흔하디흔한 시장 한구석이 특별해지는 것은 우리가 나 아닌 다른 누군가를 만났기 때문이고, 내가 아직 가보지 못한 곳이 있다는 것은 내가 아직 들어보지 못한 이야기가 있다는 뜻이 될 것이다. 나는 언어가 우리를 구해줄 수 있다고 믿고 있다. 새로운 생각, 새로운 말, 새로운 이야기가 있는 곳에서 새로운 사람이 태어난다고 믿고 있다. 수천 년 동안 인간 삶은 그렇게 변해왔다. 그러니 나에게서 어떤 새로운 말도 이야기도 나오지 않는 것, 이것이야말로 오늘 내가 가장 슬퍼해야 할 일이다. 그럼 이제 뭘 해야 할까?

기억 하나가 떠오른다. 수년 전, 나는 제작하기 쉽지 않은 라디오 프로그램을 기획했다. 〈자기 자신을 말하기〉

란 프로그램이었다. 이 프로그램에는 누구나 출연할 수 있지만, 출연자 모두 지켜야 할 엄격한 규칙이 한 가지 있다. 그 규칙은 자기 자신을 말하되 특정한 '단어' 몇 가지를 사용할 수 없다는 것이다. 예를 들면 자신의 삶에 가장 중요한, 사랑하는 사람의 이름을 말하면 안 된다. 그리고 채식주의자들은 '채식'이라는 단어를, 서점 주인은 '서점'이라는 단어를, 라디오 피디는 '라디오'라는 단어를 쓸 수 없다. 즉 그 단어 없이는 자기 자신을 말할 수 없거나, 자기 자신이 더 이상 자기 자신이 아닌 것처럼 느껴지는 단어가 금지되는 것이다. 그 금지 단어를 찾아낼 수 있는 사람은 피디가 아니라 출연자 자신뿐이다. 자기 자신을 말하기 이전에 자기 질문이 있는 것이다. '그것 없이는 나를 말할 수 없는 단어가 뭐지? 그런 게 있기는 있나? 그 단어가 왜 나에게 중요하지?' 이 질문에 대한 답을 찾으려면 자신의 삶을 꽤나 뒤적거려볼 수밖에 없고 그 과정부터가 프로그램의 시작이다.

나의 경우는 어떤가? '라디오'라는 단어를 말하지 못하면 아무리 나에 대해서 말해봤자 불완전하다. 나는 책을 정체성의 소중한 공간으로 생각하니 '책'이란 단어를 말하지 못하면 혀가 반항한다. 또 무슨 단어가 있을까? 몇 사람의 이름이 떠오른다. 내 사랑 안에서만 영원히 존재하는 소중한 이름이 없다면 나는 내가 아니다. 그리고 또? 조용히 가슴속을 들여다보면 몇 개의 단어들을 더 찾아낼 수 있을 것이다.

보르헤스는 자신의 인생이 열 개 정도의 단어로 압축될 것이라고 했다. 시간, 불멸, 거울, 미로, 실명, 시는 보르헤스가 평생 열정을 기울여 그 의미를 확장시키려고 노력한 단어다. 위화 역시 『사람의 목소리는 빛보다 멀리 간다』에서 독서, 글쓰기, 루쉰, 차이, 혁명 등 열 개의 단어로 그의 인생을 그만이 할 수 있는 방식으로 설명했다. 오에 겐자부로의 단어는 2인조, 장애다. 그는 장애를 가진 아들을 위해 말의 정의를 새롭게 내리는 것을 소설가의 일이라고 생각했다.

거의 대부분의 사람들도 이처럼 결코 지워지지 않는 흔적 같은 단어 몇 개를 가슴속에서 찾을 수 있을 것이다. 가슴속에 머무는 비밀스러운 기억이 없다면 우리는 아무것도 아니니까. 그 단어들은 잊지 못할 이름일 수도 있고 사랑, 우정, 약속, 배신, 상실, 후회, 양심, 용기, 죄책감 같은 추상적인 단어일 수도 있고, 그리스, 지중해, 라이카 카메라, 강아지, 태풍, 초등학교 1학년, 프레디 머큐리, wonderful tonight, 여름 호수, 바다, 보리밭, 피아노, 파란 양철 대문, 녹슨 자전거, 벚꽃, 노란 리본, 별이 빛나는 사막처럼 구체적인 단어일 수도 있다. 그 단어가 얼마나 다양할지는 상상하기 어렵다.

지금 여기 적은 단어들은 그냥 손가락이 가는 대로 쓴 것이다. 그런데 정말 그럴까? 우리의 신비로운 무의식이 이 단어들을 쓰고 싶어 한 것은 아닐까? 지금 이렇게 단어들을 써보는 것만으로도 몇몇 단어들이 몹시 그리워졌다면, 그것은 왜 그럴까? 그것에 대해서 나는 결국 알게 될 것인가? 일단은 이야기를 더 해보겠다.

내 상상 속에서 방송은 이렇게 진행된다. 출연자가 '그것 없이는 자신을 말할 수 없는 단어'를 찾아내면 그다음 단계는 그 단어를 사용하지 않으면서 그 단어에 대해 말해보는 것이다. 나를 예로 들면 이렇다.

> 오늘은 저에게 없어서는 안 되는 '단어1'에 대해서 말씀드릴게요. '단어1'이 없다면 저는 제가 아닙니다. 제 인생에 이만한 진실은 없습니다. 저에게 '단어1'에 대해서 말하라는 것은 제 인생의 가장 큰 기쁨에 대해서 말하라는 것과 같습니다. 저는 '단어1'에게 나와 함께 여기까지 오느라고 애썼다고 칭찬해주고 싶습니다. '단어1'은 상품처럼 여겨지

지만 제게는 상품이 아닙니다. 신비로운 것입니다. '단어1'은 제가 세상을 보는 눈을 바꿔놓았고 제 말을 바꿔놓았습니다. 그전에 제 말에는 내용도 의미도 없고 말버릇이나 말투만 있었던 것 같습니다. 하지만 '단어1' 덕분에 저는 아무 말이나 그때그때 따라 하는 신세에서 벗어날 수 있었습니다. 저는 '단어1' 덕분에 삶과 좋은 관계를 맺을 수 있게 되었다고 믿습니다. '단어1' 안에서 마음속에 불을 켜주는 이야기들을 만났기 때문입니다. 그 이야기들은 원래 저에게 없던 힘도 끌어내게 해주었고 마음이 서서히 죽어가는 것 또한 막아주었습니다. 내 안에 불을 켜준 '단어1'에게 어떻게 감사의 마음을 품지 않을 수가 있겠습니까?

'단어1'은 무엇일까? 책이다(내가 할 수 있는 한 가장 진실되게 말해봤다. 이 말이 진실이 아니라면 나는 더 이상 내가 아니다). 이렇게 해서 우리에게 중요한 단어는 전과 다른 새로운 의미를 지닌, 풀고 싶은 수수께끼가 된다.

우리가 서로의 단어를 알고 싶어 하는 것은 그 자체로 감동적인 면이 있다. 세상은 열심히 우리의 이름과 고유성을 지운다. 알바생, 취준생, 택배 아저씨, 마트 아줌마, 애 못 낳는 사람, 세 번째 사귄 여자, 이상한 피디, 옛날에 만나던 사람 등 누군가를 지칭하는 온갖 말. 그리고 실업자 수, 1인 가족 수, 우울증에 걸린 사람 수, 산재 사망자 수, 교통사고 사망자 수 등의 숫자. 그런데 이 말과 숫자들 중 어느 것도 한 사람의 고유함을 말해주거나 우리가 다른 사람을 상상하게 도와주지 않는다.

그런데 우리 모두 다른 사람이 될 수도 있었는데, 이를테면 다이버나 아마추어 조류학자나 목욕탕 주인이나 인삼 파는 상인이나 구름 연구자가 될 수도 있었는데 바로 이 모습이 되어서 살고 있는 것은 놀라운 일이다. 내가 존재하지 않을 수도 있었는데 존재한다는 것 역시 놀라운 일이다. 우리는 '현실'이라는 단어를 쉽게 쓰지만 내가 다른 사람이 아니라 바로 '나'라는 것이 각자의 가장 무거우면서도 놀라운 '현실'이다. 생각할수록 삶은 놀라움의 연속이지만 우리의 고유성은 계속 하나의 범주로, 하나의 숫자로 지워져만 간다. 그러나 세상이 우리의 고유성을 지울수록 자기 자신만은 자신의 고유성, 내면에 '살아 있는' 어쩌면 아직은 '이름 없는' 뭔가에 귀를 기울일 줄 알아야 한다. 다른 사람도 고유한 무엇인가를 품고 있다고, 우리가 궁금해할 무엇인가를 품고 있다고 믿는 것은 이런 사회 분위기에서는 거의 '저항'이라고 부를 만한 일이고 최고의 존중이다. 이것이 내가 프로그램을 제작하고 싶었던 첫 번째 이유다.

두 번째 이유도 있다. 자신의 단어를 찾는 것은 쉬워 보여도 결코 쉬운 일은 아니다. 자신의 단어를 찾으려면 마음의 변화가 필요하다. 늘 보던 대로 자신을 보고, 늘 하던 이야기만 해서는 단어를 잘 찾아낼 수도, 설령 찾았다 해도 말할 방법을 알아내기가 쉽지 않다. 마음의 변화는 시간을 필요로 하고 제대로 말하기는 훈련을 필요로 한다. 그러나 이것은 시간을 들일 가치가 있는 일이다. 우리가 의식했건 의식하지 못했건 간에 우리에게 중요한 단어 위에 다양한 현실이 달라붙는다. 그래서 에이드리언 리치는 "단어들이 지도"라는 표현을 썼다.

미래가 어떻게 될지 모르고 그래서 불안하다고 하지만 누구나 자기 자신에 대해서 확실히 아는 것이 있다. 우리가 말을 하고 있을 것이라는 점이다. 말하기, 이야기하기는 우리 영혼에 새겨져 있다. 어슐러 K. 르 귄은 『찾을 수 있다면 어떻게든 읽을 겁니다』에서 이렇게 썼다.

글을 시작할 때 중요한 건 단순히 이거예요. 여러

분에게 하고 싶은 이야기가 있다는 것. 성장하고 싶어 하는 씨앗이죠. 여러분은 주의 깊게, 조심스럽게, 그리고 끈기 있게 싹을 북돋고 움을 틔우게 할 수 있어요. […] 그 이야기가 온전하고 진실되게 스스로를 갖추게 놓아둘 수 있다면, 그게 정말로 무슨 이야기이며 무슨 말을 하는지, 왜 그 이야기를 하고 싶은지 알게 될지도 몰라요. 그리고 놀라게 될지도 몰라요. 여러분은 달리아를 심었다고 생각했는데, 튀어나온 걸 보니 가지인 거죠!*

여기서 마지막 대목, '달리아를 심었다고 생각했는데 가지가 튀어나왔다'를 나는 '진실한 말(자신의 단어)이 삶을 놀라운 것으로 만들어준다'는 뜻으로 받아들이고 있다. 그리고 한번 놀라고 나면 그다음 놀라움도 가능하다. 이야기의 신비로움은 하나의 이야기가 다른 이야기로 이어지는 것이다. 이야기의 신비로움은 삶의 신비로움이 된다. 그 반대말도 사실이다. 삶의 신비로움 없이는 이야기가 없다. 좋은 이야기 안에는 늘 원인과 결과의 딱딱한 인과론만으로도, 숫자로도 잘 설명되지 않는

---

* 어슐러 K. 르 귄, 『찾을 수 있다면 어떻게든 읽을 겁니다』(이수현 옮김, 황금가지, 2021), 194-195면.

부분이 있다. 이것이 모든 좋은 이야기 안에 있는 '고유한 기쁨'이고, 보르헤스가 언어 공동체에서 우리의 의무는 우리의 말을 찾는 것이고 단어를 찾는 것은 부적과도 같은 힘을 주고, 단어를 찾는 것이 곧 회복이라 말한 뜻일 것이다.

  나는 현재 우리의 위기는 미래를 말하지 않는 데에 있다고 생각한다. 우리는 더 이상 미래를 믿지 않는다. 정확히 말하면 더 이상 좋은 미래를 믿지 않는다. 미래를 위한 질문을 하고 대안을 말하는 것을 너무 큰 일로만 생각한다. 그러나 살아 있는 자들이 진정으로 알고 싶어 하는 유일한 것은 자신의 미래다. 진정으로 만나고 싶어 하는 것은 좋은 미래다. 언어 공동체에 속하는 우리가 이 좋은 미래를 만나는 방법은 좋은 미래에 대해 많이 이야기하는 것이다. 한 새로운 세계의 창조 앞에는 언제나 언어와 이야기가 있어왔다. 그러니 살아 있는 자의 심장에서 나온 살아 있는 이야기는 우리 모두를 살아 있게 하는 데 필수적이다. 한 사람의 좋은 이야기는 우리 모두의 이야기가 된다. 좋은 이야기는 우리의 내면 깊은 곳에 '부드럽게' 각인되고 남아서 우리의 자아를 바꾼다. 세상에 존재하는 모든 부드러움 중 가장 믿을 수 없을 만큼 부드러운 것은 인간의 변화다. 내 이야기를 존

버거는 이렇게 정확한 문장으로 써버렸다. "어떤 이야기에 감명을 받거나 울림을 얻으면, 그 이야기는 우리의 본질적인 일부가 되는, 혹은 될 수 있는 무언가를 낳고, 이 일부가, 그게 작은 것이든 광대한 것이든 상관없이, 말하자면 그 이야기의 후예 혹은 후계자가 된다."*

우리 존재는 우리가 무엇을 하느냐만큼이나 우리가 무슨 이야기를 들었고 무엇을 상상하느냐에도 달려 있다. 이야기 안에는 사냥꾼이 숨어 있다. 우리는 우리가 한번 사로잡힌 이야기에서 헤어 나올 수 없고 우리 삶은 우리가 들었던 이야기들의 결론이다. 바로 이런 이유로 우리가 가치를 두는 이야기 안에는 살아 있는 사람들이 궁금해하는 바로 그것, 우리의 미래, 우리의 최종 결론을 암시하는 무엇인가가 있다('한번 들으면 빠져나올 수 없는 이야기들이 아니라면 무엇으로 운명을 정의할 수 있단 말인가?'라는 말이 있다. 이 한 문장 안에 나의 단어가 두 개나 들어 있다. 나의 '단어2'는 '이야기'이고, '단어3'은 '운명'이다). 이것이 내가 프로그램을 제작하고 싶었던 두 번째 이유다. 진실된, 각자의 '고유한 기쁨'을 품고 있는 이야기를 나누며 살고 싶어서.

---

* 존 버거, 『벤투의 스케치북』(김현우·진태원 옮김, 열화당, 2012), 90면.

자기 자신을 말하기

그런데 우리 모두 그 단어를 쓰지 않으면 절대 자기 자신을 말하지 못하는 공통의 단어가 있다. 우리 모두 그 단어가 필요하다. 뭘까?

바로 '나'라는 단어다. 내가 바라는 것은 '나'라는 단어에서 수없이 많은 좋은 이야기들이 솟구쳐 나오는 것이다. 나라는 단어에서 나온 이야기가 이 슬픈 세상에 기쁨을 만드는 것이 내가 가장 보고 싶은 풍경이다. 저마다의 고유함이, 이름이, 개성이, 세상에 잊을 수 없는, 두 번 다시 들을 수 없는 목소리를 선물하는 것을 보고 싶다.

이제 인류가 지속되는 한 인간의 기억 속에 영원히 좋은 것으로 남을 자신만의 이야기를 나에게 들려준 사람들의 이야기를 함께 나누려고 한다. 조용히 빛을 발하는 사람들의 이야기다. 이들은 자신에게 중요한 단어가 무엇인지 알고 있었고 자신이 말하려고 하는 것을 정확히 말하는 기쁨을 누려봤다. 소박한 이야기도 있고 무겁고도 가벼운—현실에 뿌리를 깊숙이 박고 있다는 점에서 무겁지만 영혼을 높이 올려준다는 점에서 가볍다—이야기도 있다. 이 사람들이 없다면 세계는 훨씬 더 황량해질 것이다. 이런 이야기가 있는 현실을 다른 현실보다 신뢰하기 때문에, 더 가치를 두기 때문에 나는 사랑과 희망을 포기하지 않고 우리 모두 행복할 가능성에 내기를 걸고 싶다. 내가 지금부터 들려주는 이야기들이 '나'라는 단어에서 나온 이야기가 이 슬픈 세상에 어떤 기쁨을 만들 수 있는지에 대한 하나의 대답이 되길 바란다.

이 이야기 중 몇 편은 나의 오래된 책 『마술 라디오』에서 가져왔다. 한번 들은 이후 내 가슴에 살아 있어서 나에게 언제나 돌아오고 또 돌아오는 이야기임에도 불구하고, 이 이야기들 덕분에 세상에 대한 존경심을 잃지 않을 수 있었음에도 불구하고, 전작에서 중요한 부분에 빛을 비추지 못했고 미숙하게만 표현한 부분이 많다는 것을 올 초에 발견했다. 무엇인가가 좋다는 것을 알아도 그것이 왜 좋은지 표현할 수 있기까지는 많은 시간이 걸린다는 사실을 겸허히 받아들인다. 그러나 한번 좋아한 것을 계속, 시간이 흐를수록 더 좋아할 수 있다는 것은 큰 기쁨이고 다른 방식으로는 얻을 수 없는 안정감의 근원이다. 세상에 소외에 대한 수많은 정의가 있지만 나 개인적으로는 이 이야기들에서 멀어지는 것이 '자기 소외'다. 그래서 다시 말하기를 시도하려고 한다.

나는 누구인가? 내가 전하고자 하는 이야기의 일부분이다. 나의 가치는 내가 전하고자 하는 이야

기의 가치와 같다. 내가 살리고 전하고 나누고 싶
은 이야기가 나다.

내가 힘을 잃을 때 나 스스로에게 거는 주문이다(주문을 거는 것도 말이고 주문을 깨는 것도 말이다). 현재의 나는 지금 전하려고 하는 이야기들의 일부분이다.

내가 오늘 하는 말 중 먼 미래에도 살아남기를 원
하는 말이 있는가?

나의 하루가 공허하다고 느낄 때, 내가 하루 24시간이 낳은 파편 더미에 불과하다고 느낄 때 스스로에게 던지는 질문이다. 나에게는 내가 이제부터 하려는 이야기의 많은 부분이 그렇다고 대답하고 싶다.

이 이야기들은 내가 용기를 내야 할 때마다, 열정을 불태워야 할 때마다, 뛰어다녀야 할 때마다, 인내심을 발휘해야 할 때마다 늘 나와 함께 있었다. 내가 슬픔 속에 있을 때라도 기쁨과 함께했다는 뜻이다.

'자기 자신을 말하기'를 상상하면 자꾸만 생각나는 일화가 있다. 모파상은 플로베르를 흠모하고 존경했다. 모파상은 첫 작품을 쓰고 나자 플로베르에게 보냈고 속이 바작바작 타는 긴장감 속에서 대가의 반응을 기다렸다. 마침내 작품을 다 읽은 플로베르는 모파상에게 이렇게 말했다.

"자네 작품은 틀림없는 걸작이야……. 단, 두 단어만 바꾸면."

단 두 단어만 바꾸면 어떤 일이 벌어질까? 지금 당장은 작품 하나가 떠오른다. 주제 사라마구의 『리스본 쟁탈전』은 인생에 대한 체념과 외로움만이 가득했던 교정자 라이문드 실바가 두 단어도 아니고 딱 '한 단어'를 바꾸면서 벌어지는 일을 그린다("~할 것이다"를 "~하지 않을 것이다"로 바꿨다). 단어를 바꾼 뒤 라이문드 실바는 그전처럼 살 수 없게 된다. 그 뒤로 그에게는 불가능하다고 생각한 일, 꿈같은 일이 일어난다.

나는 그 어느 때보다 더 내 인생을 걸 가치가 있는 단어를 기다리고 있다. 우리는 새로운 이야기 안에서 만나야 한다. 살아 있는 목소리가 없는 것도, 우리가 서로의 말을 들을 수 없는 것도 아주 슬픈 일이므로 우리에게는 어둠 속에서 함께 나눌 이야기가 필요하다. 글의 초반에 몇몇 단어들이 그립다고 한 이유는 명백하다. 나는 이야기가 하고 싶었다. 몇몇 단어 안에 비밀이 있다. 이야기는 이야기를 하는 사람도 듣는 사람도 바꾼다. 우선 이야기를 하면서 나부터 새롭게 바뀌고 싶다. 나의 누이는 너의 누이가 되고 나의 전투는 너의 전투가 되고 나의 늑대는 너의 늑대가 되고 너의 이야기는 나의 이야기가 되고 너의 슬픔은 나의 슬픔이 되고…….

  그리고 다음번에는, 우리는 정말로 더 잘 사랑해야 한다. 처음에 사랑했던 것보다 더 많이.

2021년 여름

차례

프롤로그 자기 자신을 말하기 … 7

나의 단어,

　　　　　　　　　　　　이야기

　　자유, 약속, 품위 … 31
　　배지근해지다 … 55
　　눈맛, 무게 제로 … 73
　　하쿠나마타타 … 99
　　일기, 동화책, 컵 … 119
　　꽃이 폈어 … 143
　　달, B95 … 161
　　유리창 … 183
　　목소리, 이름, 우리, 인생의 전문가 … 217

나의 단어,

　　　　　　　　　　시와 운명

　　돌고래, 아더 사이드, 스틸 뷰티풀 … 251

에필로그 우리의 좋은 결말을 위해서 … 275

나의 단어,

                                                이야기

자유, 약속, 품위

자유, 약속, 품위

'삶은 짧기에 자유로워야 한다.'

나는 책에서 이런 비슷한 문장을 숱하게 봐왔다. 눈으로 보긴 봤지만 제대로 살아내지는 못한 문장이다. 그러나 '자유', 이 단어를 들으면 언제나 기억 저편에서 얼굴 하나가 떠오른다. 그 얼굴이 떠오르면 자유라는 말은 다시금 생명과 육체를 얻고 내 안에서 꿈틀댄다.

나에게도 삶의 지혜라는 것이 있으면 얼마나 좋을까 꿈꾸던 시절이 있었다(물론 지금도 그렇다). 그때는 그 꿈을 마음에만 품지 않고 현실로 옮겼다. 나는 삶의 지혜를 찾아 전국을 돌아다니는 프로그램을 기획했다. 어디로 가서 누구를 만날까 미리 정해둔 것은 없었다. 그냥 어디서든 보석을 하나 캐 오고 싶은 심정이었다.

어느 날 갑자기 강남고속터미널에 가서 지명들을 살펴보았다. 이 길을 나서서 기필코 뭔가 배우고 돌아오리라! 이런 결심을 한 나에게 거의 모든 지명은 미지의 신비로운 아우라를 뿜어내고 있었다. 나는 아는 사람 한 명 없는, 그때까지 한 번도 가본 적 없는 남도의 도시를 골라 버스를 탔다. 날씨가 무척 좋았다. 날씨의 사랑스러움이 내 가슴에서 좋은 예감으로 꽃폈다. 삶의 지혜가 일상의 거친 경험 아래 아주 부드러운 모습으로 잠자고 있을 것만 같았다.

목적지에 내려서 다짜고짜 수협을 찾아갔다. 개중 인상이 가장 순해 보이는 사람에게 말을 걸었다. 그는 자신이 경매사라고 했다. 찾아온 취지를 말하고("삶의 지혜를 찾고 있어요!") 그에게 언제 경매사로서 보람과 기쁨을 느끼느냐고 물었다. 그는 총리가 대국민 담화문을 발표하듯 대답했다.

"어민의 / 소득 증대 향상에 / 기여함이 / 보람이고 / 어민의 / 소득 증대 향상법이 / 경매사의 / 지혜입니다."

물론 공식적으로는 숭고한 말이다. 나는 가능한 한 빨리 질문을 바꾸는 것이 좋겠다고 생각했다. 나는 그에게 제일 좋아하는 물고기를 알려달라고 했다. 자신의 대답에 대한 그다지 뜨겁지 않은 반응에 위축된 착한 경매사는 한결 작아진 목소리로 대답했다.

"제일 좋아하는 물고기는 돌돔이에요."

"왜요?"

자유, 약속, 품위

"그러니까 색상 자체가, 이미지가 확 와닿아요."

"좋아하는 어부도 있어요?"

"있어요."

"그분은 왜 좋아요?"

"어르신은 아무도 없는 바다에서도 지킬 것을 지키는 사람이에요. 아무도 없는 바다에서도 작은 물고기나 금지 어종은 풀어주고 내가 실수하면 어드바이스도 해주고 이 근방 일대에서 어르신 이름 석 자는 곧 믿을 만한 사람의 상징으로 통해요."

그 순간 내 귀가 번쩍 트였다. 나는 경매사에게 어르신을 만나게 해달라고 졸랐다. 착한 경매사는 쏜살같이 나를 어부의 배가 도착하기로 한 선착장에 데려다줬다.

경매사와 나는 포구에 앉아서 그의 배를 기다렸다. 우리의 등 뒤로 '감성돔 자율 공동체'라는 플래카드가 걸려 있었다. 감성돔이 뭔지는 잘 몰랐지만 '자율 공동체'라니 예감이 좋았다. '자율'이란 단어도 좋고 '공동체'라는 단어도 좋다. 두 단어가 만나면 어떤 이야기가 만들어지려나? 이런 생각을 하는 사이 경매사는 나에게 물고기에 대해서 설명해주려고 애썼다.

"광어는 배가 하얀 것이 자연산, 검은 점이 있는 것이 양식이고요. 참돔은 붉은색이 자연산, 검은색이 섞여 있는 것이 양식. 신선한 물고기인지는 배와 아가미를 보면 돼요."

바다는 우리 인간이 다른 종에 대해 생각하기 좋은 곳이다. 인간사 먹고사는 문제는 다른 종에게 신세 지지 않는 것이 없다.

이윽고 작은 배 한 척이 우리 눈에 들어왔다. 배에는 두 사람이 타고 있었다. 어부와 그의 아내. 경매사는 마침내 나와 헤어지게 된 것이 기쁜 듯 활기를 되찾고 큰 목소리로 물었다.

"뭐가 올라옵니까?"

"도다리."

어부는 멀리서 소리쳤다.

어부는 배에서 뛰어내린 다음 밧줄로 배를 묶어두고 나와 경매사에게 다가왔다. 아주 마르고 강단 있게 생긴 사람이었다. 야구 모자 밑으로 햇볕에 그을린 검은 얼굴과 깊은 주름이 보였다. 너무 말라서 바지가 헐거워 보였다. 경매사가 어부에게 나를 '삶의 지혜를 찾는 사람'이라고 소개해줬다. 나는 인내심이 많지 않았다. 인사가 끝나자마자 어부에게 물었다.

"저, 선생님, 알고 싶은 게 있어요. 선생님은 어떻게 해서 아무도 보지 않는 곳에서도 작은 물고기는 놔주고

자유, 약속, 품위

금지 어종은 풀어주고 지킬 것은 지키는 사람이 되었어요?"

어부는 나를 빤히 쳐다보았다. 그렇게 이상한 질문은 처음 받아본다는 듯한 표정이었다. 어부의 등 뒤로 누구의 소유도 아닌 바다가 펼쳐져 있었다.

"그건 내가…… 자유이기 때문입니다."

그의 대답에 어찌나 놀랐던지 나는 잠시 멍하니 있었다. 외진 포구에서 한 어부의 입을 통해 자유라는 말을 들을 줄은 몰랐다. 나는 어부가 어떤 의미로 자유라는 말을 썼는지 더 알고 싶었다. 우리는 바다를 보고 나란히 앉았다. 그날 나간 배는 모두 돌아왔는지 조업 중인 배 한 척 없이 한가로운 오후의 바다가 눈앞에 깊고 검푸르게 펼쳐져 있었다. 바다는 수많은 삶의 이야기가 펼쳐진 장소인 동시에 누군가의 영혼을 만드는 풍경이 되기도 한다. 물결이 살랑살랑 흔들렸다. 그 물결 위로 갈매기의 쉰 소리 같은 그의 목소리가 느릿느릿 퍼져나갔다.

> 나는 고아였어. 어려서 부모님이 돌아가셨어. 세 살 때 엄마가 돌아가셔서 할머니가 길렀어. 엄마에 대한 기억도 없어. 나도 다른 사람들처럼 엄마나 아빠가 있어서 안아주기도 하고 꾸지람이나 충

고 같은 것을 해주면 좋겠다고만 생각했어.

어느 날 가만히 생각해보니까 나는 나를 낳아준 사람을 기억도 못 하고 죽어서도 못 만나는 거잖아. 나는 이렇게 살아 있는데 내가 어떻게 하든 우리 엄마를 못 만난다고 생각하니 좀 서글펐어. 가장 만나고 싶은 사람을 못 만나는 거잖아. 옆에 있으면 잘해드리고 싶었거든. 우리 엄마는 더 이상 애를 못 낳으니 내가 그분의 유일한 아들이잖아. 그래도 우리 엄마를 위해서 뭐라도 한 가지는 하고 싶었어. 그게 뭘까? 뭘 할 수 있을까?

나는 살면서 한 가지만은 꼭 지키기로 결심했어. 나를 낳아준 사람에게 누를 끼치지 않고 살겠다고. 그래, 그 이름에 누를 끼치지 않겠다, 그거였어. 내가 나쁜 짓 하면 엄마한테 누를 끼치는 거니 나쁜 짓 하지 않겠다, 그거였어. 내가 이런 생각을 하고 살면 우리는 다시 만나는 거나 다름없다고 생각했어. 엄마 없어도 마음으로 엄마랑 같이 사는 거라고 생각했어. 인생에 딱 그거 한 가지만은 이루고 싶었어. 그 뒤로 후회할 짓은 안 하려고 무던히도 많이 노력을 했어.

어부는 사람에게는 함께 살 몸이 필요하지만 만약 슬프게도 그 몸이 없다면, 함께 살 영혼이라도 필요하다고 생각했다. 고독한 청년으로서 그는 함께할 것을 스스로 만들었다. 그러자 '이게 나다!'라고 할 만한 어떤 것이 그에게 조금씩 생겨나기 시작했다.

> 나는 공부를 많이 못 하고 부산으로 갔어. 거기서 일을 하다가 할머니가 돌아가신 줄도 몰랐어. 고향에 돌아와서야 돌아가신 걸 알았지. 그 후론 쭉 고향서 살았어. 뱃사람이 될지도 모르겠다는 예감이 좀 있어서 뱃일을 배웠고 그 뒤로 바다와 고기 잡는 것에 푹 빠져 살았어.
> 밤에는 배에 누워서 라디오를 듣곤 했어. 그리고 커피를 많이 마셨어. 이상하게 배에서는 커피를 많이 마시게 돼. 그렇게 누워서 인간은 본질적으로 외로운 존재다, 이래 생각하고 살았지. 그래도 나 스스로 한 약속만은 친구처럼 어디든 같이 다녔어.

그 뒤로 많은 시간이 흘렀다. 많은 것이 그의 곁을 조용히 스쳐 지나갔고 그 또한 많은 것들을 스쳐 지나갔다. 그는 바다에서 육지가 잠에서 깨어나는 것을 봤고 바다에서 육지의 하루가 정리되는 것 또한 보았다. 바다가 빛으로 반짝이는 것도 수없이 보았다. 그 빛의 바다에서 불어온 바람이 그의 얼굴을 주름지게 했다.

가끔은 버려진 빈 배들을 봤다. 한때 그 배의 주인이었던 사람들의 이름과 삶이 기억나기도 했다. 헛되이 떠오르는 해초들을 손에 쥐면서 그를 스쳐 갔던 긴 머리 여자들을 떠올리기도 했다. 가끔은 그의 영혼도 그 빛의 바다에 합류한 듯 빛났다. 그 바다에서 인간은 정말로 아무것도 아니었다. 인간의 대소사도 아무것도 아니었다. 인간은 빛의 사소한 조각들에 불과했다. 빛 속에 떠 있는 작은 배 한 척을 한 번이라도 본 사람은 그 사실을 이해할 수 있을 것이라고 어부는 생각했다.

어부는 인간의 모든 일이 사소하고 무의미할 수 있다는 사실에 실망했던가? 아니다. 그렇다면 그 사실에 위안을 받았을까? 이를테면 누구나 다 똑같이 덧없고 부질없다는 위안? 지금 각자가 어떻게 살든 최종적인 결론은 누구에게나 같다는 위안? 아니다. 아니다. 그가 마음속으로 생각한 것은 다른 단어였다. '신비'였다. 그에게는 인간이라는 한 생명체가 이 세상에 작은 아이로 태어나 어른이 되고 사랑하고 온갖 고통을 받고 살다가 덧없이 사라질 줄 알면서도 그러고도 또 영혼이란 것이 있어서 뭔가 느끼기도 한다는 것이, 자신의 집이라고 믿는 곳에 매일매일 돌아간다는 것이, 자신의 삶이라고 믿는 것을 살아보려고 바둥댄다는 것이 신비롭게 느껴졌다. 사실 그가 인간만 신비롭게 느낀 것은 아니었다.

> 언젠가 한번 바다에 있을 때 무슨 폭발음 같은 것을 들은 적이 있어. 나는 놀라서 벌떡 일어났지. 그다음 날 하늘이 푸르죽죽 이상했어. 근데 뉴스를 보니까 태양의 흑점이 폭발했다는 거야. 그날이 제일 이상했어. 라디오도 지지직거리고. 그럴 때 있잖아. 갑자기 텔레비전에서 잡음이 나온 다음에 화면이 꺼지는 것 말이야. 그런 느낌이었어. 바다에 외로이 떠 있다가 꼭 내가 태어나기 이전을 본 것 같았어. 지금도 이상해.

태양의 흑점을 본 다음 날, 그는 눈을 떴을 때 자신이 아무것도 모른다는 것을 깨달았다. 매일 보는 태양에 대해서조차 아무것도 모르는구나. 매일 태양을 보면서 아침을 느끼고 힘을 내 하루를 살았는데. 매일 해 지는 시간에 맞춰 집에 돌아가는 새들을 봐왔는데. 그는 자신이 아무것도 모른다는 사실이 겸연쩍었다. 세상에서 알아야 할 것은 나 자신이 전부인 듯 살면서 태양이 뜨는 것과도 같은 기적에 관해선—생명 있는 것이 모두 같은 리듬을 타게 하는 기적에 관해선—아무것도 모르는 바보라는 사실에 놀랐다. 그는 그 뒤로 인생 최고의 깨달음은 자신이 아무것도 아님을 아는 것이라고 생각했다. 나이 오십이 되자 그는 인생을 돌아보았다.

> 이래 살아오다가 오십이 되니까 인생을 돌아보게 되더라고. 누구나 오십이 되면 그럴 거라고 생각해. 뒤돌아보니 내 배를 따라서 파도가 하얗게 일었어. 파도가 부서졌다가 다시 생겼다 그랬어. 그게 꼭 내 인생 같더라고. 나도 많이 부서졌고 많이 일어섰어. 내 경험이 내 배 뒤를 쫓아서 쭉 따라오는 것 같았어.

그렇게 생각하니 그는 자신의 인생에 일어난 이런저런 일들에 다정한 마음이 들었다. 살면서 겪었던 많은 일들이 그토록 듣고 싶었던 엄마의 충고, "애야, 조심해라!", "애야, 밥 잘 먹고 다녀라!"처럼 느껴졌다. 돌아보니 모든 것이 부서지지는 않았다. 그는 가슴에 남아 있던 사람들을 헤아려봤다. 인생은 아무리 외로운 가슴속에라

자유, 약속, 품위

도 떠올릴 얼굴은 몇 개 남겨둔다고 하지 않던가? 마침 그에게는 자주 떠오르는 얼굴 하나가 있었다.

내가 고아로 살다가 군대를 갔는데 누구 하나 면회 올 사람이 있어야 말이지. 외로웠어. 그런데 어느 날 한 여고생에게 편지가 오기 시작한 거야. 국군 장병 아저씨께, 로 시작하는 편지 있잖아. 일주일에 한 번씩 꼬박꼬박. 나에게 고마운 사람이지. 2년 반 넘게 그 편지에 의지해서 살았던 것 같으니까. 사진만 한 번 주고받고 만나지는 못했어. 만나지도 못했는데도 이상하게 그 여고생이 생각날 때가 있었어.

어부는 잠시 말을 멈췄다.

언제냐면…… 언제냐면 저녁 뉴스를 들을 때야. 뉴스 중에서도 일기예보를 들을 때 말이지. 처음 내 귀를 잡아 끈 것은 전북 전주에 폭설이 내린다는 뉴스였어. 그 여고생이 전주에 살고 있었거든. 전주에 살던 그 여고생이 나에게 쓴 편지 중에 이런 구절이 있었어.

어부는 눈을 감고 편지 구절을 외우기 시작했다.

"산나물 캐는 아가씨들 바구니에 나물이 가득하고, 아낙네들 겨우내 밀린 얘기 냇가에 풀어놓고, 겨우내 먹고 놀던 소 바쁘네요."

이게 무슨 얘기냐면 봄이 왔다는 말이잖아. 폭설이 내리는 고장에서 나에게 그렇게 봄소식을 전했구나 싶었지. 한번쯤 편지를 보내보고 싶었어. 하지만 결혼해서 살 테고 내 편지가 누가 될까 걱정이 되더라고. 시간이 흐르길 기다렸어. 그렇게 기다리다가 그 편지를 받은 지 30년 좀 안 되었을 때 이 구절을 편지에 옮겨 적어봤어. 다른 말은 아무것도 안 적었어. 그냥 그 구절이랑 내 전화번호만 적었어. 이름도 안 적었어. 옛 주소로 보냈어. 거기 살고 있다면 받겠지 싶었어. 어쨌든 고마웠지. 고마운 마음이 남아 있으니 잘 살고 있을까 궁금했던 거지. 이 정도 세월이 흘렀으면 남편도 이해를 해주지 않겠나 싶어서 보냈지만 보내놓고 나서도 편지 보낸 게 후회되었어. 좀 더 있다가 보낼 걸 좀 빠른 것 같다고 생각했지.

그러고 나서 어부는 갑자기 손가락을 들어서 바다 위 한 점을 가리켰다.

> 바로 저기 있을 때였어. 저기서 고기 잡느라 배 위에 있을 때 전화가 왔어. 나는 내 이름을 대면서 물었지. "나를 기억하시겠습니까?" 한참 말이 없데. 그 시간이 엄청 길데. 한참 있다가 전화기 너머로 대답이 들렸어. "알고말고요."

그때 어부는 자신의 심장이 쿵 내려앉는 소리를 들었다. 외로운 나를 기억하는 사람이 있구나. 내가 본 적도 없는 사람이 나를 기억하는구나. 그는 이렇게 생각했다. 그 뒤로 두 사람은 간간이 연락을 주고받으며 서로 안부를 챙겨주곤 했다. 두 사람은 각자가 사는 도시의 중간 지점에서 처음 만났다. 군대 시절 주고받은 사진 속에서 어부는 유달리 목이 길었다. 그녀는 마르고 목이 긴 남자를 찾았다.

  두 사람은 밤새 쉬지 않고 이야기를 나누고 헤어졌다. 둘 다 그렇게 행복하게 살아오진 못했다고 느꼈다. 두 사람은 모두 혼자인 상태였다. 두 사람은 서로의 집을 한 번씩 방문했다. 어부가 그녀가 사는 도시를 방문했을

땐 눈이 내렸다. 어부는 땅에 떨어지는 눈이 하얗지 않고 시커먼 걸 보고 놀랐다. 그래도 둘은 시커먼 눈길을 손을 잡고 걸었다. 어부는 용기를 내서, 하지만 조심스럽게 말했다.

"둘 다 너무 오래 혼자 살았어요."

어느 날 그녀가 다니던 회사를 정리하고 가방 하나만 들고 어부의 집으로 왔다. 그녀는 짐을 꾸릴 때 커다란 가방 안에 들어가지 않는 많은 것을 포기했다. 월급을 타던 날 백화점에 달려가 사 모으던 실크 스카프 같은 것들. 바다에서는 그런 것이 필요치 않다는 것을 아는 데 많은 시간이 필요하지는 않았다. 그녀는 이런 식으로 사는 데 꼭 필요한 것과 필요치 않은 것을 점점 더 잘 구별할 수 있게 되었다.

> 바다 일이 힘들어. 바람도 세고, 잘못하면 통발 밧줄에 걸려서 바다에 빠지고. 저 사람 우리 할머니 사진 밑에다가 과자도 사다 놓아. 나한텐 너무 고마운 사람이지.

살면서 수없이 많은 신비에 놀란 그지만 그때만큼 삶의 신비에 놀란 적도 없었다. 나와 함께 살려고 그토록 노력하는 사람이 있다니. 그런 생각을 하면 마음에 부드러움이 한가득 차올랐다. 그는 살아 있는 사람과 따뜻함을 맛볼 수 있는 것이 행복이라고 생각했다. 그녀는 그의 후반기 삶, 그의 이야기의 중심이 되었고 그가 그토록 이해할 수 없었던 빛나는 것—태양이 되었다.

> 나는 저 사람 만나서 사람답게 사는 게 뭔지 알게 되었어. 바다는 내가 일하는 곳, 내 직장, 내 삶의 터전, 내가 내 자유를 지키는 곳이었는데 둘이서 하니까 놀이터도 되더라고. 맘 맞는 사람이랑 둘이 서 있으니까 일터가 놀이터가 되기도 하더라고. 그게 사람답게 사는 거더라고.

나는 다음 날 두 사람과 함께 배를 탔다. 배 위엔 뽀뽀하는 시간, 노래하는 시간, 춤추는 시간이 있었다. 어부는 쉰 목소리로 노래를 구성지게 잘 불렀다.

어부는 어부인데도 회를 먹지 않았다.

> 초롱초롱 눈이 이뻐. 눈이 너무 초롱초롱해. 그걸 가만히 보고 있으면 내 마음이 미안해져. 나도 참

잔인한 놈이구나. 너를 잡아서 내가 먹고사는구나. 인간은 잔인해. 사실 얼마든지 더 많이 잔인해질 수도 있어. 지금도 더 잔인해지는 중이고. 꼭 자기가 가져야 한다고 생각할수록 더 잔인해지지. 이쁜 꽃이나 돌을 봐도 꼭 자기 집에 갖다 놓으려고 하잖아. 사랑도 소유라고 생각하잖아.

그러나 어부는 이야기를 이렇게 끝내고 싶지는 않았다. 그는 재빨리 한마디를 덧붙였다.

그러나 슬픈 마음을 가질 수도 있는 것이 인간이야.

그때 그물에 뭐가 걸렸는지 저쪽에서 아내가 말하는 소리가 들렸다.
"와, 도다리 나왔다. 아유, 눈 좀 봐. 너무 이뻐."
어부가 아내 쪽으로 다가갔다. 나는 두 사람이 좁은 뱃전에서 스쳐 지나가는 것을 보았다. 그 짧은 순간 나는 두 사람의 몸 위로 사랑의 요정이 푸드덕푸드덕 강력하게 날갯짓하는 것을 보았다.
어부가 그 이상하게 느껴질 수도 있는 편지를 보냈을 때 그녀는 왜 전화를 걸었을까? 두 사람의 감정은 어떻게 시작되었을까? 어떻게 서로를 믿게 되었을까? 한 가지 분명한 것은 두 사람 모두 물고기의 눈을 볼 줄 안다는 것이었다. 두 사람 모두 물고기의 눈에는 생선회 이상, 매운탕 이상의 더 깊고 아름다운 의미가 있다는 것을 알고 있었다. 바다는 어떻게 이것들을 다 만들었을까? 그 비밀을 안고 있는 물고기의 눈은 두 사람의 눈을 깨끗하게 빛나게 했다. 아내도 남편을 따라서 물고기에게 이렇게 말하곤 했다.

"물고기야, 미안해. 고마워."

그가 바다에서 배운 것은 무엇일까?

> 기다림을 배워. 물고기 한 마리를 잡으려 해도 기다려야지. 안 기다리고 잡을 수 있나? 사람은 내일이 있기 때문에 살 수 있어. 인내는 쓰고 열매는 달다. 학교 급훈에도 써 있잖아. 인내는 쓰고 열매는 달다고. 그런데 사람들이 그걸 눈으로만 보지 행하지는 않아. 눈으로 본 대로 행하려고 해봐. 얼마나 어려운지…… 그런데 인내 끝에는 죽음도 있어.

내일, 내일, 내일, 하고 참고 살았는데 그 끝이 죽음이라니. 이 기가 막힌 상황을 어떻게 해야 할까?

> 나는 늘 사람들에게 물어보곤 했어. 살면서 어떤 고생을 했느냐고. 뭣 땜에 고생했느냐고. 고생 안 했다는 사람은 본 적이 없어. 나는 이제 나 죽고 없어도 저 사람이 잘 살아갈 수 있게 고생을 해. 나 없어도 혼자서도 고생 덜 하면서 살 수 있게. 나에게 참 고마운 사람이야.

어부에게 '어떻게 살 것인가?'는 '어떻게 죽을 것인가?'와 같은 말이었다. 삶과 죽음, 그 사이에 펼쳐진 것은 고통과 사랑의 이야기다. 어부는 언젠가 내일은 없을 수 있다는 것, 즉 생명의 유한함이 자신이 유일하게 확신할 수 있는 것이라고 생각했기 때문에 삶을 소중히 여겼고 가끔 주어지는 특별한 인연, 특별한 우연, 특별한 순간에 깊이 감사했다. "그물로 물고기를 잡을 수 있을 뿐 바다를 잡을 수는 없다." 오래전 지중해 어부들이 나눠 가졌던 삶의 지혜다. 여기서 바다가 의미하는 바는 누구에게나 같다. 우리에게 많은 것을 주기도 하고 뺏기도 하는 삶 자체다.

두 사람과 헤어져 돌아가던 나는 뒤를 돌아보았다. 푸

자유, 약속, 품위

른 하늘과 바다를 배경으로 어부와 아내 둘이서 일을 하고 있었다. 갈매기 몇 마리가 어부와 아내 곁을 날고 있었다. 어부가 말한 대로 인간은 빛 속에서 빛의 한 조각에 불과해 보였다. 그러나 그 작은 한 조각 배 안에 두 사람에게 필요한 모든 것이 다 있었다.

나는 수년간 인간은 자기가 하기로 한 일—결코 버릴 수 없는 것—에 확실히 묶이고, 지키기로 한 것을 지키면서 자유로워진다고 주장해왔다. 자유는 아무렇게나 살기 위해서가 아니라, 자신의 삶을 살아내기 위해서 인간이 만들어낸 단어라고 주장해왔다. 그런데 생각해보니 맨 처음 우리가 만났을 때 그가 나에게 들려준 말을 그대로 따라 한 셈이다. 또한 나는 책에서 단어를 읽는다고 생각하지만 사실은 그 단어를 살아낸다고 수년째 주장해오고 있다. 나는 그것이 보르헤스의 말이라고 계속 말해왔다. 그러나 "학교 급훈에도 써 있잖아. 인내는 쓰고 열매는 달다고. 눈으로 본 대로 행하려고 해봐. 얼마나 어려운지", 이 부분을 옮겨 적고 보니 '단어를 살아낸다' 또한 이미 그의 입에서 나온 말이었다는 것을 새삼 발견했다.

나는 어부에게 '말'을 빚졌다. 내가 그에게서 받은 영향이 내가 생각했던 것보다 막대하다는 것이 어부와의 만남을 회고하면서 첫손가락에 꼽을 만한 놀라움이라면 두 번째로 꼽을 놀라움도 있다. 어부는 부모의 부재 같은 가슴 찢어지는 외로움과 쓸쓸함을 어떻게 자신과의 약속으로 바꾸어놓을 수 있었을까? 그리고 어떻게 물고기의 눈을 봤을까? 그의 많은 말들은 지금 다시 생각해봐도 내가 듣기를 꿈꾸었으나 꿈에서나 들을 수 있다고 생각한 말들과 닮았다. 나는 그때 처음, 회를 먹지 않는 어부를 만났고, 그때 처음 물고기의 눈에 관해 말하는 어부를 만났다. 그 뒤로 다시는 그와 같은 사람을 만나지 못했다.

온갖 현실적, 물질적 제약에 매여 있는 우리에게는 부자유가 주어졌다. 지옥이 있으므로 천국이란 단어가 필요했던 것처럼, 슬픔이 있으므로 기쁨이란 단어가 필요했던 것처럼, 삶이 짧으므로 오래오래 기억될 아름다움이 필요했던 것처럼, 우리에게는 자유라는 단어가 필요하다. 이 부자유에서 벗어날 수 있는 방법은 하나뿐이다. 세상이 무엇이라고 하든 우리 안에 파괴될 수 없이 소중한 무언가를 지키는 것. 그러나 사적으로는 자아에 엄청나게 집중하면서도 공적으로는 위축되고 소심해져, 서로가 서로를 두려워하는 초긴장 신경증적 지옥을 사는 우리가 내적으로 소중한 무언가를 버리기는 얼마나 쉽던가. 이 와중에도 자신의 무언가를 꿋꿋하게 지키고 사는 인간의 모습은 무엇이라고 말할 수 있을까? '품위'라고 말할 수밖에 없지 않을까?

배지근해지다

배지근해지다

인생 말년에 이르러 그 누구의 것도 아닌 자신의 목소리를 내게 된 사람이 있다. 그 이야기를 들려주고 싶다.

제주도 서귀포시에 강장군이라 불리던 할머니가 살고 있었다. 그의 성격이 하도 대쪽 같아서 생긴 별명이었다. 내가 만난 당시 그는 여든다섯 살이었다. 어린 시절, 할머니는 일본에서 살았기 때문에 한국말을 잘하지 못했다.

> 그 시절에 난 왕따였어. 학교에 가서 그네를 타려고 하면 쪽발이 놈 저리 가라고 했지. 그래서 학교를 숫제 다니질 않아버렸어.

그렇게 왕따를 당한 날이면 할머니는 해녀인 엄마를 따라 바다에 들어가곤 했다. 바닷속에서라면 친구 하나 없어도 외롭지 않았다. 은빛 물고기, 하늘거리는 물풀, 전

복과 소라가 인간 대신 그의 친구가 되었다.

그는 결혼 후 충북 음성의 금광에 가서 큰돈을 벌었다. 그 시절에 음성은 굉장했다. 꼬마 녀석들은 다이너마이트 터지는 소리에 잠이 깨기 일쑤였고 한몫 잡은 사내들은 새벽까지 술을 마시러 나돌아 다니곤 했다. 나는 음성이 그런 곳이었다는 사실을 그때 처음 들었다. 그 후 자료를 찾아보니 1929년 세계 대공황이 일어났을 때 한국에도 금광 바람이 돌풍처럼 불었는데, 특히 충북 음성의 무극광산은 1956년부터 1997년까지 15톤의 금이 나왔다고 한다. 강장군도 그 무렵 무극광산에 있었다고 추정해볼 수 있다. 그는 말 그대로 허리춤에 주렁주렁 금을 매달고 제주도로 돌아왔다. 그가 걸을 때마다 금 소리가 짤랑짤랑 울려 퍼졌다. 금의환향이었다. 그렇지만 얼마 지나지 않아 그 큰돈을 사기로 다 잃고 말았다. 그는 이제 죽어야겠다 생각하고 남편과 함께 바다로 뛰어들었다. 마침 순찰 중이던 경찰이 부부를 목격했다. 그런데 경찰은 기껏 부부를 구해놓고는 때리기 시작했다. 통금을 위반했다는 이유였다.

남에게 크게 속아본 뒤로 그의 인생 신조는 '남을 속이지 말자'가 되었다. 그는 오랫동안 귤 중개업을 했고 믿을 만한 사람으로 통했다. 그는 거센 해풍을 견뎌낸 귤을 좋아했다. 그런 귤은 껍질이 과육에 단단히 붙어 있었다. 그도 자신의 일에 단단히 붙어 일만 생각하고 살았다. 그런데 '남을 속이지 말자'가 신조였던 그가 남을 속이게 되는 사건이 생겼다. 그의 나이 일흔여덟의 일이다.

그에게는 살면서 두고두고 아쉬운 것이 하나 있었다. 아쉬운 것이 있다고 하면 사람들은 이렇게 물었다.
 "살면서 아쉬워할 만한 게 대체 뭐가 있을까? 돈밖에 더 있어?"
 "아냐, 아냐. 그건 아냐."
 처음에 그도 자신이 뭘 아쉬워하는지 잘 몰랐다. 그런데 서서히 알게 되었다. 뭔가에 자꾸자꾸 눈길이 갔다. 그가 자꾸자꾸 훔쳐보았던 것, 바로 남들이 글을 읽는 모습이었다. 그는 자신이 '배우지 못한 것'을 아쉬워한다는 것을 알게 되었다. 일흔여덟 살에 그는 노인대학에 나갔다. 그리고 이렇게 말했다.
 "일흔다섯이에요."
 그때 남을 속이게 되었다. 나이가 많은 것이 부끄러웠다기보다 그 나이가 되도록 읽을 줄 모른다는 것이 부끄러웠다. 그러나 오래 속일 수는 없었다.

"그래도 금방 고백해부렀지."

할머니는 노인대학에서 글을 배운 뒤 정말로 글을 쓸 수 있게 되었다. 처음 글을 쓸 때는 그림도 같이 그렸다. 그림 속에는 마당이 있고 마당에 닭이랑 절구랑 소녀랑 곡식이 놓인 돗자리가 있었다. 소녀는 할머니였고 마당 돗자리에 널어놓은 곡식은 보리였다.

> 엄니가 보리를 말리려고 마당에 널어놓고 나가면서 나보고 이따가 걷으라고 했어. 내가 노느라고 그만 까맣게 잊어버린 거야. 그런데 비가 와버렸어. 반은 이미 닭이 먹어버렸고 나머지 반은 비를 실컷 맞았어. 나는 엄니한테 혼날 게 무서워서 보리를 걷어다가 꽁꽁 잘 싸서 광에 숨겨놨어. 엄니도 그날은 바빠서 보리 잘 걷었냐고 안 물어봤어. 엄니는 그다음 날인가 보리를 찾았어. 나는 이젠 보리가 잘 말랐겠지 생각하고 꺼내 왔어. 이게 웬일이야? 밤새 보리에 싹이 나버린 거야. 나는 엄니한테 맞을까 봐 엉엉 울었는데 엄니는 머리를 한 대 쥐어박고는 그냥 피식 웃고 말데. 그때 엄니가 무슨 말인가 했는데 그게 기억이 안 나. 아주

중요한 말이었던 것 같은데 기억이 날 듯 날 듯 안 난단 말이야. 분명히 나도 아는 말이었거든. 노인 대학에서 뭘 쓰고 그리라는데 그게 그렇게 생각나. 엄니 만나면 "엄니 그때 뭐라고 했어요?"라고 제일 먼저 물어볼 것 같아.

할머니는 자신이 글을 썼다는 사실이 기뻤지만 이상하기도 했다. '대체 뭐가 이상한 거지?'

그는 자신이 그린 그림과 글을 유심히 바라보았다. 그는 무릎을 탁 쳤다. '그거네, 그거.' 그 이상함은 갑자기 자신이 어린아이에서 할머니가 돼버린 듯한 기분이 들어서였다는 것을 알아차렸다. '인생은 누구에게나 짧은 법이라더니 그 말이 딱 맞네'라고 그는 생각했다. 그런데 더 이상한 것이 있었다. 분명히 글을 쓰고 읽을 수 있게 되어 기쁘긴 기뻤는데 생각만큼 무조건 기쁘지는 않다는 점이었다. 혹시 글을 읽는 것 말고 다른 뭔가가 아쉬웠던 걸까? 그는 어느 날 밤 벌떡 일어나서 이렇게 말했다.

"여태껏 그냥 나이만 먹은 거 아냐?"

글을 읽게 된 할머니는 그동안 자신이 뭘 몰라도 너무 모르고 살았다는 생각이 들기 시작했다. 이제라도 할머니에서 소녀로 되돌아갈 수 없을까? 시간을 되돌릴 수는 없는 걸까?

그 뒤 노인대학에서 그는 유달리 듣기를 좋아하는 사람으로 통했다. 가끔은 벽에 가만히 귀를 대고 있기도 했다. 옆방에서 나누는 대화 소리를 듣기 위해서였다. 여든 살이 되자 그는 강장군이 아니라 '잘 듣는 사람'이라는 별명을 새로 얻었다.

그는 귀가 '배지근해진다'라는 단어를 자주 썼다. '배지근하다'라는 말은 제주도 사투리였다.

"할머니, 귀가 배지근해지는 게 무슨 뜻이에요?"
"어떤 말이 아주 귀에 쏘옥 들어온다는 말이야."
"할머니, 어떤 말을 들으면 귀가 배지근해져요?"

> 난 이 세상이 어떻게 이 세상이 되었는지 궁금해. 세계 모든 나라에 대해 알고 싶고, 세계 모든 나라의 언어를 들어보고 싶고, 우리나라 각 도는 어떻게 각 도가 되었고, 거기에 뭐가 있는지 알고 싶고, 각 도에서 사람들은 뭐 하고 사는지 그 사람들은 어떤 고통을 겪고 무슨 말을 하고 사는지 알고 싶어. 이런 말 듣고 천국 가면 거기서도 기억할 수 있을까 궁금하고. 내가 이런 말을 들으면 천국의

모습이 바뀔지도 궁금해. 내가 이제 살면 얼마나 더 살겠어. 한 2~3년 남았을까? 내가 지금 듣는 것은 다시는 못 듣겠지. 다시는 이야기도 못 나누겠지. 그런 걸 생각하면 아주 열성적으로 듣게 돼. 귀가 배지근해지지.

처음 이 말을 들었을 때 머리가 멍해지는 충격을 받았던 기억이 지금도 생생하다. 작은 노인대학에서 여든이 넘은 할머니가 이 정도로 맹렬하게 배움을 갈구하고 있다니…… 잊을 수 없는 일이다. 할머니가 귀를 기울이게 만들고 새 별명까지 얻게 만든 질문들은 혼자서는 알 수 없는 것들이었다. 할머니는 아주 순수하게 그 질문들에 대한 답을 궁금해했으므로 '열성적으로' 귀 기울일 수밖에 없었고 노인대학도 그냥 왔다갔다 하는 것이 아닐 수 있었다.

할머니의 이야기를 처음 듣던 날부터 지금까지, 나는 할머니의 이야기에 다양한 방식으로 매료된 채 살고 있다. 처음에는 "내가 지금 듣는 것은 다시는 못 듣겠지. 다시는 이야기도 못 나누겠지"라는 말을 자주 떠올렸다. 누구에게나 삶은 한 번이고 흘러간 시간은 같은 모습으로는 돌아오지 않을 테니 이 말은 진리다. 그 뒤로 나도 '열성적으로' 들으려고 했다.

한편 시간이 갈수록 새록새록 매료된 것은 할머니의 '말'에 대한 믿음이었다. 할머니는 우리가 나누는 대화 속에 뭔가 중요한 것이 있을 수 있고 그것을 공유할 수 있다는 믿음을 가지고 있었다. 그는 이 믿음을 가지고 인간들끼리 나누는 '말'이라는 신비 속으로 뛰어들었고, 앞날에 죽음 말고는 기다릴 것이 없다고 생각하지 않고 새롭게 배우고 알려고 했다. 그러나 지금, 말에 대한 믿음이야말로 사라지는지도 모르게 사라져가는 중이다. 다른 모든 좋은 것들처럼. 한 방에 날려버리고 말겠어, 라는 의도를 가진 말들이 넘쳐난다. 나는 말 뒤에서 독이 모락모락 피어오르는 것을 무력하게 바라보고만 있다.

나는 '귀가 배지근해지다'라는 말 자체에도 매료되었다. '귀가 배지근해지다'는 다른 말로 하면 '눈뜨고 살다'이다. 의미 있는 말은 눈을 뜨게 만들어줄 수 있다. 좋은 목소리는 늘 내게 말한다. 눈 좀 떠봐! 그러나 아쉽게도 의미 있는 대화는 많이 사라졌고 그나마 남아 있는 말조차 나는 잘 듣는 데에 실패한다. 늘 잘못 알아듣거나 대충 흘려듣는다. 할머니의 말 중에도 제대로 이해하지 못한 말이 있었다. "내가 이런 말을 들으면 천국의 모습이 바뀔지도 궁금해." 이 말을 이해하는 데는 오랜 시간이 걸렸다.

할머니를 만난 지도 어언 10여 년이 흘렀을 무렵, 나는 캘리포니아주 몬터레이의 17마일 드라이브 해변에 앉아 있었다('17마일 드라이브'는 17마일 내내 아름답다고 해서 붙여진 이름이다). 그곳에 도착하기까지 나는 유칼립투스 향기가 숨 막힐 정도로 가득한 길을 지났고, 머리에 꽃을 꽂은 꽃같이 이쁜 이마를 가진 젖소를 보았고, 형형색색의 선인장이 가득한 절벽 위에 서 있는 사슴 떼와 뿔을 맞대고 싸우는 두 마리 버펄로, 모래사장에 포대 자루처럼 누워 있는 여섯 마리 바다코끼리를 보았다. 나는 내가 그 풍경을 사랑하고 또 사랑할 것임을, 영원히 사랑할 것임을 처음 보자마자 알았다.

해변에 도착해서 보니 인간이 만든 길은 17마일에 걸쳐 아름다웠지만 시선을 바다로 뻗으면 자연의 아름다움은 광활한 바다만큼이나 무한해 보였다. 눈앞에는 '버드록 앤드 실록 Bird Rock and Seal Rock'이란 표지판이 있었고 그 너머로 커다란 회색 암석 덩어리(버드록)가 있었다. 바위의 굴곡을 따라 셀 수 없이 많은 갈매기들이 앉아서 쉬고 있었다. 때마침 펠리컨 여섯 마리가 샌프란시스코 순찰 업무를 마친 군인처럼 절도 있는 날갯짓으로 당당하게 날아왔다. 펠리컨은 목까지 단추를 채운 겨울 코트를 말쑥하게 차려입은 것처럼 멋져 보였다. 버드록 옆의 또 하나의 바위(실록)를 시커멓게 덮고 있는 것은 검은 조약돌처럼 몸이 미끈미끈 빛나는 바다사자였고 그 밑에는 해달이 있었다.

또 뭐가 있었던가? 파도는 묵직하게 출렁댔고 모래사장에는 저마다의 깃털과 부리와 걸음걸이를 가진 작은 물새들이 종종거리고 있었다. 내가 살면서 이런 걸 다 보네 싶게 셀 수 없이 많은 해양 동물과 바닷새들이 서로 밀어내고 섞이면서 왕성하게 움직이고 있었다. 모두들 수염과 부리 아래로 기분 좋은 숨을 내쉬며 미소 짓고 있었다. 마치 인간이 아직 만들어지기 직전, 천지창조의 공간에 앉아 있는 것 같았다.

그날 해안은 얼마나 시끄러웠던가? 온갖 소리들이 뒤엉켜 만들어진 불협화음이 해변을 꽉 채우고 있었다. 조율이 전혀 안 된 온갖 관악기들이 떠들어대는 소리 같기도 했다. 해달이 내는 꾸익꾸익 소리, 갈매기의 끼룩끼룩 소리, 누가 내는지도 모르겠는 높은 휘파람 같은 소리. 가장 시끄러운 것은 퉁명스러운 목소리의 바다사자였을 테고. 어쩌면 신석기시대 사람들도 들었을 소리, 그런데도 너무나 젊은 소리. 닮은 듯 다른 소리, 알아들으려고 해도 알아들을 수 없는 소리. 한 번만이라도 알아들었으면 좋겠는 소리. 혹시 그 시끄러운 꽥꽥 소리가 이런 내용을 담고 있었을까?

"까꿍, 우리 아기 어딨니?"

"자기 왜 그래? 왜 저 뚱보를 보는 거야? 내가 진짜 센 놈이야."

"오늘 배도 부르니 일찍 자자. 우선 저 해달 녀석 좀 쫓아버리고."

이런 상상이 즐거웠다. 아무런 가식 없는 순수한 소리들, 이것이 생명력의 소리구나 싶었고, 살아 있다는 것은 이토록 좋은 거구나 싶었다. 그날따라 깨끗한 하늘, 깨끗한 바다에 미치도록 가슴을 설레게 하는 바람이 불었다. 내 마음도 바람을 타고 날고 또 날았다. 내 귀에 내 마음이 웃는 소리가 들리는 듯했다. 소리들은 아무리 요란해도 시끄럽지 않았다. 아무리 불협화음이 심해도 유쾌하기만 했다. 이토록 멋진 불협화음이라니(자연의 소리는 알아듣는 데 번번이 실패하는데도 나는 다 알아들은 사람처럼 고개를 끄덕끄덕, 그래그래, 좋다 좋다, 더 말해, 한다). 그 소리들은 우리 인간들에게 '지금처럼 외로울 필요가 전혀 없어!'라고 말해주는 듯 즐겁고 따뜻했다. 나는 그날의 소음에 이름 하나를 붙였다. '바다처럼 길길길 웃는 소음'.

지구는 아름다웠다. 긴 여름날에서는 야생의 향기가 났다. 삶이 우리에게 많은 것을 주었던가? 우리는 많은 것을 받았던가? 주었는데 받으려 하지 않은 것은 없었던가? 그날 나는 삶이 우리에게 많은 것을 주었다는 것을 깨끗하게 받아들였다. 나는 존재하는 것들의 생명력을 받아들이기만 하면 되는 것이었다. 우리가 어떻게 태어났든, 우리에게 얼마나 비참한 기억이 있든, 적어도 그날 하루는 생이란 대단한 기회고 앞으로 또 그런 날이 가능하다는 것을 알려주기에 부족함이 없었다. 삶은 우리에게 끝까지 듣고 배우라고 할 것이다. 우리에게 자신의 말을 들려줄 생명이 하나도 남아나지 않는다면 바로 그때 죽음이 우리를 가르칠 것이다. 나는 생명이 주는 에너지를 듬뿍 들이마시고 한껏 귀에 담았다. 이것이 재생에너지구나 싶었다(나는 그곳에서 순식간에 재생되었다).

그곳은 마음을 두고 올 만한 곳이었다. 그날 오후 꽤 오래 앉아 있었는데도 일어나기가 싫었다. 바닷바람에 나를 널어놓고 말리고 싶었다. 며칠만 더 앉아 있고 싶다는 생각이 들었다. 그러자 이런 생각이 들었다. 안 될 게 뭐 있어? 왜 이런 소리를 들으면서 살면 안 돼?

그러나 아무리 귀 기울여도 나는 아는 게 너무 없었다. 평소에 다른 생명에 관심을 가지고 있어서 조개껍데기를 부수는 와중에도 파도를 피할 줄 아는 작은 새들의 이름만이라도 줄줄 읊을 수 있다면 얼마나 근사할까 싶었다(이런 앎에 이름을 붙인다면 '기쁜 지식'이라고 할 수 있을 것이다). 쓸데없는 것은 많이도 알면서 정작 중요한 것은 모르고 놓치고 사는구나, 하는 자책이 드니 더 열성적으로 보고 들을 수밖에 없었다. 그 귀 기울이는 나는 뭔가 안다고 떠드는 나보다 훨씬 나은 나였다. 수없이 많은 말들을 한 내가 있지만 그중의 어떤 나도 그날 살아 있는 생명체들 앞에서 숨 죽여 조용히 듣기만 한 그날의 나에 결코 미치지 못했다.

귀를 기울일 줄 아는 사람의 내면은 점점 고요해지고 평화로워진다고 했던가. 나는 그날 내가 행복을 느끼고 있다는 것을 알게 되었다. 내가 있어야 할 곳은 바로 거기였다. 앗, 그러자 천국의 모습이 바뀌었다. 나의 천국은 바로 저 모습이었다. 수많은 생명이 꿈틀대고, 소리치고, 야생의 향기를 내뿜는 곳. 나는 그날 바다로 뛰어든 바다코끼리를 따라 해변을 질주했다. 그리고 떠날 때는 수십 번을 뒤돌아보았다.

요즘도 그날이 자주 생각난다. 자꾸만 그날의 동물들과 어울리고 싶다. 그날 내가 얼마나 놀랐는지도 생각난다. 듣는다는 것은 놀라면서 듣는 것이고 본다는 것은 놀라면서 보는 것이다. 나는 할머니의 인생 말년이 그랬을 것이라고 짐작한다. 할머니는 매일매일 세상을 마지막 날처럼, 그리고 첫날처럼 경험했을 것이다. '내가 이것을 듣게 되면 천국의 모습이 바뀔까' 알고 싶어 하던 할머니가 결국 천국 같은 이야기를 듣게 되었을지 궁금하다. 들었다면 그 이야기가 무엇일지도 궁금하다. 할머니를 다시 만날 수 있다면 나는 나의 천국이 바뀐 이야기도 들려드리고 싶다. 그때 빈센트 반 고흐의 목소리로 이야기를 시작해도 좋을 것 같다. 고흐는 황소를 존경하고 독수리를 존경하고 무엇인가를 그토록 존경하기 때문에 절대 야망을 가진 사람이 될 수 없을 것이라고 말했다. 나도 야망보다 독수리가 좋다. 내 야망보다 펠리컨 한 마리가 훨씬 가치 있다. 세상에 있는 대부분의 욕망은 나의 것이 아니다. 대신 수많은 심장 소리와 가까워졌다. 이것이 나에게는 천국 같은 일이다.

  천국을 상상하는 일은 한 인간이 영원한 잠을 향한 여행을 떠나기 전 꿀 수 있는 가장 좋은 꿈이다. '내가 이것을 듣게 되면 천국의 모습이 바뀔까?'라는 말은 '남은 생을 어떤 생각을 하면서 살아갈까?'라는 질문을 그 안에 품고 있다고 나는 느낀다. 마르그리트 유르스나르는 『하드리아누스 황제의 회상록』을 집필하면서 황제가 죽기 전에 남긴 시편의 마지막 구절로 글을 마무리한다. 지금 그 글이 생각난다.

> 늘 하던 농담, 장난은 이제 못 하리니. 한순간 더 우리 함께 낯익은 강변들과 아마도 우리가 이제는 다시 보지 못할 사물들을 둘러보자……. 두 눈을 뜬 채 죽음 속으로 들어가도록 노력하자.

한 인간이 생에 보낼 수 있는 최고의 작별 인사다. 장난치면서도 두 눈을 부릅뜨고 살 수 있다면 좋을 것이다. 그리고 나는 요새 여러 가지 이유로 할머니 생각을 자주 한다. 천국이란 단어를 확장 중이기 때문이다. 천국에 가면 신이 딱 한 가지 질문만 한다고 들었다. "그래, 너는 너의 한 번뿐인 인생으로 무엇을 한 거지?" 그에 해당하는 좋은 대답들은 다 천국의 맛을 풍길 것이다.

눈맛, 무게 제로

눈맞, 무게 제로

낚시꾼에 관해서라면 이미 많은 이야기가 있을 것이다. 나에게는 내 마음을 경이롭게 파고든 두 명의 낚시꾼이 있다. 그 첫 번째 이야기는 다음과 같다.

꽃가루가 많이 내리던 날이었다. 나는 그날 미장원에서 머리를 산뜻하게 자른 아버지와 아들을 제주 시내에서 만났다. 덩치가 큰 아버지는 눈도 컸고 그 큰 눈으로 잘 웃었다. 아버지는 별명이 빠삐용인 아들과 언제나 함께 다닌다. 내가 아버지와 아들을 만난 그날도 아들은 저만치 아버지 앞에서 커다란 나비같이 나풀대고 있었다. 빠삐용이라는 별명은 아들이 하도 도망을 잘 다녀서 붙여진 것이다. 아들은 늘 탈출을 꿈꾼다. 어디로부터의 탈출? 문제는 그걸 아무도 모른다는 점이다. 그러나 인생에서 무엇인가로부터의 탈출이 필요하지 않은 사람도 있던가?

다른 사람들은 도둑이 밖에서 안으로 들어오는 것을 막으려고 집에 안전장치를 하는데 우리는 안에서 밖으로 나가기 힘들게 잠금장치를 했어요. 아들이 자폐증이에요. 지적장애 1급이에요. 이 병에 걸렸단 것은 무슨 뜻이냐면 자기 틀에 갇혀 산다는 거예요. 이런 아이들은 의사 표현은 못해도 굉장히 착해요. 항상 웃고 있어요. 몸은 큰데 지능은 서너 살 수준이에요. 이 병에 대해 잘 모르는 사람들은 왜 그렇게 웃나 징그럽다고 생각해요.

아버지의 이야기는 이렇게 이어진다.

저에게는 아들이 셋 있어요. 빠삐용은 둘째예요. 이야기는 큰애로 거슬러 올라가요. 장가들고 첫아이를 가진 남자들은 제 말을 다 이해할 거예요. 아내가 첫애를 가지면요, 지나가다가 이쁜 옷 있으면 다 사가지고 들어가고 장난감 보면 사가지고 같이 놀 생각 하고 정말 세상을 다 가진 듯이 기쁘죠. 특히 첫아이 때 그래요. 저도 첫아들을 낳고 정말 기뻤어요.

제게 유아교육을 전공한 여동생이 있는데, 하루는

동생이 아이를 보더니 뭐가 좀 이상하다는 거예요. 아이가 눈을 잘 안 맞춘다는 거죠. 저더러 병원에 가보래요. 병원에 가서 뇌파검사를 했더니 자폐라는 거예요. 그때만 해도 자폐가 뭔지 잘 알려지지 않았던 시절이었어요.

그러다가 둘째를 낳았어요. 그런데 이게 웬일이래요? 둘째가 더 심한 거예요. 큰애는 자폐 2급인데 작은애는 1급. 결국 온갖 병원을 들락거렸어요. 이런 일을 겪은 사람들의 마지막 단계는 굿이에요. 주변에서 그럽니다. 너는 한 명도 아니고 두 명씩이나 장애인을 낳았으니 굿을 해서 원한을 풀면 말문이 트일 거라고. 그래서 지도 5백만 원 들여서 굿을 했어요. 물론 아무 효과도 없었어요.

이 이야기는 어떻게 흘러갈까?

이런 일이 생기면 대개는 엄마들이 의심받아요. 임신 때 뭘 잘못했나, 뭘 잘못 먹었나. 우리 어머니도 우리 집안엔 그런 애 없었는데, 이러면서 자꾸 아내를 원망해요. 결국 우리 애 엄마가 우울증 걸려서 15년째 약을 먹고 있어요.

그렇다면 그는 아내 탓을 하지 않았을까? 아주 아니라고는 할 수 없다. 그러나 그는 속으로 아내를 탓하는 동안에도 알고 있다. 아내를 탓할 일이 아니라고. 그의 마음속에 있는 뭔가가 "당신 때문이야!"라고 말하는 것을 거부하게 했다. 뾰족한 못 같은 말이 입 밖으로 튀어나오려는 것을 자제할 때마다 그는 검은 유혹을 뿌리친 듯 아슬아슬한 안도감을 느꼈다. 다행히 언제부터인가 그는 그런 생각에서 완전히 빠져나올 수 있었다. 눈물은 흘려도 눈은 멀지 말아야 한다고 했던가?

"안 그러면 우린 벌써 이혼했겠죠."

빠삐용 같은 아이들은 어디로 갈지 모르니 보호자는 한시도 눈을 떼면 안 된다. 아버지의 눈은 늘 아들을 보고 있다. 그런데도 아버지는 지금까지 빠삐용을 백 번쯤 잃어버렸다.

> 제가 이렇게 말을 하는 이유가 있어요. 지적장애를 알리고 싶어서예요. 이런 아이들 주변에서 보면 꼭 경찰에 신고해주세요. 이런 애들은 혼자 있으면 안 돼요. 보호자가 항상 같이 있어야 해요. 이런 아이들은 밖에 나가면 가고 싶은 데 아무 데

로나 가버려요. 지금까지 우리 아들의 최장 거리 탈출은 용두암까지 간 건데 우리 집에서 걸어서 두 시간 거리예요. 그때 아들을 다섯 시간 만에 찾아왔어요. 이런 아이들 특징은 좁은 골목을 무서워하고 어두운 곳을 싫어하고 물을 좋아한다는 거예요. 그래서 이렇게 집 나간 아이들이 행방불명되었다가 익사하는 경우가 있어요. 얼마 전에도 그런 일이 뉴스에 나왔어요.

백 번 잃어버리고 백 번을 다 찾았으니 그것도 천만다행이다.

저는 아들이 없어지면 친구들 덕을 많이 봤어요. 저도 택시 기사였고 제 친구들도 택시 기사예요. 제가 아까 우리 아들이 좁은 길을 싫어한다고 했잖아요. 기사 친구들이 일을 멈추고 택시를 타고 넓은 거리를 누비면서 아들을 찾아줬어요. 그렇게까지 해도 못 찾으면 그때는 경찰에 연락하고요.

아들을 잃어버릴 때마다 아버지는 휴가를 냈다. 그러나 번번이 휴가를 쓰기가 미안해서 아버지는 결국 직장을 그만두었다.

> 제가 직장 그만두면서 아내가 일해요. 아내도 밖에 나가 일하면서 많이 좋아졌어요. 지금은 제가 전업주부예요. 아내가 건강해지니 저는 좋아요.

그러는 와중에도 그는 인생의 기쁨을 포기하지 않았다. 그가 첫손가락에 꼽는 기쁨은 낚시였다. 낚시는 그에게 인생의 세 가지 즐거움을 알게 해주었다. 첫 번째는 낚시하러 가는 길의 즐거움. 두 번째는 눈의 즐거움. 바다에 도착해서 찌를 던지고 물결 위로 찌가 둥-둥-둥 뜨는 것을 봤을 때, 그러다가 마침내 찌가 잠기는 것을 봤을 때. 그건 물고기가 미끼를 물었단 뜻이다. 그는 이것을 눈맛이라고 말했다. 세 번째는 입의 즐거움. 좋은 벗들과 음식을 나눠 먹을 때의 즐거움을 말한다. 나는 그때 눈맛이란 단어를 처음 들어봤다. 나는 눈맛이 뭔지 조금 더 설명해줄 수 있느냐고 물었다.

> 제가 아까 아들 둘이 장애라고 했지요. 막내는 비장애인이에요. 저는 우리 아들 둘이 장애인이라서 정상인이라는 말 안 해요. 장애인, 비장애인 이렇

게 이야기해요. 큰애는 빠삐용보다 정도가 덜해서 어느 정도 혼자 걸어 다니고 혼자 교회도 가고 지금은 종교 단체에서 운영하는 장애인 직장에서 일도 하게 되었어요. 저에게 눈맛이 뭐냐고 물었지요? 보여드릴게요.

그는 빠삐용을 자기 바로 옆에 앉혔다. 아버지는 빠삐용에게 "나, 누구야? 나, 누구야?"라고 연거푸 물었다. 빠삐용은 웃기만 할 뿐 아빠란 말을 못했다. 그저 더듬더듬 단절음만 냈다.

"아-아-아……."

옆에서 보고 있던 내 입이 저절로 "이……" 벌어졌다. 내 주먹에 저절로 힘이 들어갔다.

"아-아-아……."

보통 애들은 서너 살 되면 아빠 엄마 다 말하잖아요. 우리 큰애가 지금 스무 살인데요. 열 살 때 처음으로 아빠라고 불렀어요. 열 살 때 "아-빠!" 하고 부르는데 아, 그 맛이 그렇게 좋았어요. 제 눈을 마주 보면서 "아-빠" 하고 불렀어요. 그때 그렇게 행복했어요.

이 말을 나에게 들려줄 때 빠삐용의 아버지의 큰 눈에 눈물이 가득 고였다. 10년 전 그날에는 더 많은 눈물을 흘렸다. 10년을 기다린 "아-빠"라는 말을 들었을 아버지와 아들, 두 육체는 강력하게 연결되었다. 그는 가장 힘든 순간은 지나갔음을 알았다. 그는 그다음부터 웬만한 것은 가슴속에만 넣어둘 수 있게 되었다. 이제 아들의 입에서 나올 다음 단어를 기다리면 된다. 그것은 인생을 걸고 기다릴 가치가 있는 일이었다. 그때부터 그의 목소리는 한결 편안해졌다.

아버지는 바다를 좋아하는 빠삐용과 함께 바닷가 산책을 자주 하곤 했다. 모든 해안가는 떠남의 이야기를 간직하고 있고 그가 빠삐용과 함께 걷는 바다에서도 누군가는 먼 길을 떠났을 것이다. 자신은 어디로도 가지 못하는 거 아닌가 생각하면 아버지는 가끔 울적했다. 하지만 그는 생각했다. '어쩌면 나는 더 먼 여행을 해야 하는지도 몰라.' 실제로 아들과 함께 바다를 거닐 때 그의 마음은 아주 먼 곳으로 여행하곤 했다. 거짓말하지 못하는 운명을 타고난, 백 퍼센트 웃는 얼굴의 아들이라는 미지의 땅으로.

"주어진 것을 있는 그대로 받아들일 수 있습니까?"

그런 질문을 받는다면 그는 우선 당장 아들들을 생각할 수밖에 없다. 그는 뭐라고 대답할까?

"저는 이것도 제 팔자려니 하고 살아요."

하긴, 인생은 워낙 이해할 수 없는 일투성이니까 '팔자'라는 단어가 만들어졌을 것이다. 마침 그도 그렇게 말한다.

> 이해할 수 없는 일 중 어느 하나가 저에게 일어났을 뿐이에요. 그냥 그런 일이 일어난 거예요. 두 장애 아들의 아버지란 것은 제가 살아가는 방식 중 하나예요.
>
> 솔직히 말하면 제일 나쁜 건 제가 장애인의 아버지란 게 아니에요. 제일 나쁜 건 저에게 약해질 기회가 많다는 거예요. 이 애는 내 삶이 힘들다는, 언제나 편리하게 내세울 수 있는 핑계일 수 있어요. 얘를 보면 누구나 내가 힘들 거라고 쉽게 생각하니까. 저는 뭐든지 아들 때문이라고 하면 되는 거죠. 저는 장애 아들을 둔 아버지에게 친절하고 싶어 하는 다른 사람의 선량한 마음을 쉽게 이용할 수가 있어요. 그러나 애가 아니어도 사는 건 어차피 힘들어요.

주변에선 저더러 직장까지 그만두고 대단하다고 하지만, 저도 처음엔 그렇게 생각하지 않은 것은 아니지만, 특수학교에 가고 맘이 싹 바뀌었어요. 거긴 중복 장애를 가진 애들도 많고 업고 다녀야 하는 애들도 있어요. 그런데도 부모들이 힘내서 포기하지 않고 아이들을 돌보더라고요. 직장을 그만두고 아예 특수교육을 공부하는 아버지들도 있어요. 저는 그런 아버지들이 존경스러워요. 저도 그분들에게 배워요. 그 아버지들을 만났을 때 받았던 충격 같은 느낌을 잃지 않고 살고 싶어요.

삶에 무슨 해답이 있겠는가? 엄청난 소유도, 엄청난 만족감도, 엄청난 성취도 답이 아니고 그냥 저마다 최선을 다하는 삶이 있을 뿐이라는 말에 대해서 빠삐용의 아버지는 어떻게 생각할까?

저는 아이들 기르면서 큰 욕심이 없어졌어요. 전에는요, 낚시 갈 때도 대어 잡고 싶어서 새벽에 배 타고 나 혼자 좋은 포인트 찾아서 모기 뜯겨가면서 잡고 그랬어요. 그런 데서 짜릿함을 느꼈죠. 지금은요, 잘 잡지 못해도 친구들이랑 가는 게 좋아요. 바라는 게 있다면요, 그래도 이제 제 나이가 곧 오십이니까 우리 아들이 어느 정도는 자립을 하면 좋겠어요. 지금은 물, 밥, 이 정도 의사 표현만 하고 사회생활이 전혀 안 되니까. 우리 아들도 말도 하고 나랑 눈도 맞추고 살았으면 좋겠어요. 아들에게 친구도 생기고요.

밤바다를 항해 중인 사람에게 등대는 얼마나 인간적으로 느껴질까? 그에게 확실한 것은 빠삐용에게도 등대가 필요하다는 것뿐이다. 어쩌면, 지금 눈앞에 있는 세상의 모든 것들은 얼마나 온갖 방식으로 사랑할 수 있는지를 그에게 보여주려고 있는 것일지도 모른다. 이를테면 먹을 것을 입에 물고 해 지기 전에 새끼들이 기다리는 집으로 황급히 날아가는 어미 새들도. 그렇지 않다면 자연의 모습이 그토록 다를 리가 없고 세상에 사랑 이야기가 그렇게 많을 리도 없다.

제가 초면에 이렇게 말을 하는 첫 번째 이유는 아까 말한 대로 지적장애를 알리고 싶어서고요. 두 번째 이유는요, 저 같은 사람도 열심히 씩씩히 삽니다. 힘내서 사시라고요. 제 친구들이 저를 보고 힘낸다니까요. OO이도 저렇게 씩씩하게 사는데 우리도 힘내자 이러면서요. 제 앞에서 힘들다는 말을 일절 안 하려고 하죠. 일-절요.

눈맛은 기다리고 기다리던 일이 마침내 벌어지는 것을 볼 때의 바로 그 맛, 제 눈으로 보고도 믿을 수 없어서 몇 번이고 눈을 비비고 보게 만드는 그 기쁨을 말하는 것이었다. 눈맛, 이 한 단어에 그의 인생의 모든 것이 담겨 있다. 인생의 가장 큰 슬픔은 사랑하는 사람과 함께 있지 못하는 것이다. 어쨌든 그들은 같이 있다. 나와 함께 이야기를 나누는 동안에도 그의 눈길은 계속 아들에게 가 있었다.

아버지와 아들의 사랑에 관해서라면 이 정도로 해두자. 아버지의 사랑도 좋지만 나는 빠삐용이 사는 동네에서 누가 빠삐용을 가장 많이 사랑하는지도 알고 싶다. 그래서 그의 택시 기사 친구들이 자꾸 생각난다.

"빠삐용아! 빠삐용아!"

택시 기사 친구들은 빠삐용을 발견하면 틀림없이 목이 터져라 그 이름을 불렀을 것이다. 나는 그들의 목소리를 상상하고 안도감을 느끼면서 가끔 즐거워한다.

두 번째 이야기는 이렇다.

제주도에서 탑승한 택시의 기사가 자기 마을에 전설적인 낚시꾼이 있다고 만나보라고 권했다. 나는 소위 전설적이라고 불리는 사람을 그때까진 한 명도 만나보지 못했으므로, 뭔지 모르지만 그래도 뭔가를 한 수 배우기 위해서 그를 찾아가보기로 했다.

전설적인 낚시꾼이 사는 동네에 대해서 내가 지금 기억하는 것은 파도가 바위를 때리는 소리가 철썩철썩 들렸다는 것뿐이다. 한 가지 더 추가하면 그 소리는 밤에 들으면 애수를 자극한다는 것이다. 전국에 그런 동네는 수백 군데는 될 것 같으니 이 이야기는 벌써 '전설'의 신비로운 조짐이 보인다.

당시 그는 제주도에서 신축 건물에 나무 심는 일을 하면서 살고 있었다. 그전에는 막노동도 하고 페인트칠도 하면서 살았다. 그보다 더 전에는 경기도 어느 허름한 골목에서 세탁소를 운영했다. 세탁 일을 하면서 그는 인간의 수많은 얼룩을 지워봤다. 김치 국물, 커피, 기름때, 과일즙, 사인펜, 물감, 땀, 피, 온갖 분비물. 그는 세탁소 주인으로서 철칙 하나를 만들었다. 인간도 옷처럼 때때로 세탁소에 가야 한다는 것이었다. 그가 택한 자신의 세탁소는 바다였다. 그는 인생에 한 점 바람도 불지 않는 답답한 날이면 오토바이 뒤에 아내를 태우고 바닷가에 가는 것을 좋아했다. 그는 자신이 바다를 왜 좋아하는지 금방 깨달았다. 바다가 좋은 이유는 거기서는 바람이 불어오는 것 말고는 다른 것은 아무것도 원하지 않아도 되어서였다. 바람이 불면 그냥 다 좋다. 마치 셰익스피어가 『템페스트』에서 읊은 것 같은 말이다. "그대는 자유로울 것이다. 바람이 불어오면."

그가 경기도에서 제주도로 거처를 옮긴 이유도 바다 때문이었다. 이사를 한 뒤로 그는 더욱더 자주 바다를 찾았다. 그는 말했다.

"낯선 곳에서 친구를 만나기에 바다만큼 좋은 곳이 없어요."

그가 전설적인 낚시꾼으로 이름을 날리게 되는 데는 시간이 많이 필요하지 않았다. 다른 사람들 눈에 그는 어디에 낚싯줄을 던져야 하는지 정확히 아는 사람으로 보였다. 물고기가 좋아하는 곳을 알아보는 비결이 있느냐고 사람들이 물었다. 비결은 있었다. 그는 바다의 얼룩을 알아봤다.

바다의 빛깔을 유심히 봐요. 바닷물의 색은 바다

> 의 깊이와 지형지물과 바닥의 느낌을 알게 해줘
> 요. 물고기들이 좋아하는 암석이 있다면 물 색깔
> 이 다르지 않겠어요?

그는 원하던 대로 바다에서 친구를 많이 만났다. 물론 거기서도 그는 인간의 '얼룩'을 알아보았다. 그는 이 물고기 저 물고기 가리지 않고 이름도 불러주지 않고 그냥 큰 놈이라고 부르는 사람을 싫어하게 되었다.

> 큰 놈이라고 안고 사진을 찍는데 그때 물고기의
> 눈은 이미 넋이 나가 있어요. 그게 한번 눈에 들어
> 오니 같이 기뻐할 수가 없었어요.

그는 너무 욕심이 많은 사람도, 바다에 쓰레기를 그대로 버리고 가는 사람도 좋은 친구가 될 수 없다고 생각했다. 반대로 아주 좋은 친구가 될 수 있는 사람들도 있었다. 대체로 넋을 잃고 멍하니 바다를 바라볼 줄 아는 사람들이었다. 그는 그 친구들은 자신을 비울 줄 안다고 느꼈다. 그들 중에는 신기한 이야기를 들려주는 사람도 있었다. 예를 들면 인디언들은 카누를 만들고 열흘 동안 바다에 띄우지 않는다. 이유는 삼나무의 독성이 물고

기들에게 좋지 않으니까. 나무를 다루는 일을 많이 하는 막노동꾼인 그는 그런 이야기를 주의 깊게 들었다. 그런 이야기를 들은 날은 마음의 얼룩이 지워지고 깨끗해지는 기분이 들었다. 그때 시원한 바람마저 불면 사는 게 더할 나위 없이 좋았다.

> 나는 바다에서 만난 친구들을 좋아했어요. 낚시꾼끼리는 차별을 안 해요. 이런저런 차별에 익숙해진 저는 그런 친구들이 좋았어요. 나는 낚시꾼 친구들에게 뭔가 선물을 하고 싶었어요. 그런데 가난해서 물건을 사서 선물할 수는 없었어요. 나에게 뭐가 있나 생각해봤어요. 다행히 나에겐 공사장에서 일하는 친구들이 있었어요. 막노동꾼 친구들이죠. 그 친구들이 공사가 끝나고 쓸모없게 된 나무들을 나한테 갖다줬어요. 나는 그 나무들로 뭘 만들 수 있지 않을까 생각했어요.
> 낚시꾼에게는 자기만의 찌가 있어요. 찌는 낚시꾼에게 아주 소중해요. 찌는 바닷속과 낚시꾼을 연결해줘요. 찌는 미끼를 물까 말까 하는 물고기의 그 생각을 알려주니까요. 저는 찌를 만들기로 했어요. 찌 만들기는 쉬워요. 나무를 깎고 다듬어서 모양

을 만들고 중간에 드릴로 구멍을 내고 구멍 안에 납으로 된 추를 넣으면 돼요. 단, 찌를 만들 때 중요한 것은 물고기가 찌의 무게를 느끼면 안 된다는 거예요. '무게 제로'인 찌가 되어야 해요.

나는 이 부분에서 그의 이야기를 따라가지 못했다.
"찌는 나무와 납으로 구성되는데 어떻게 무게 제로가 돼요? 분명히 무게가 있잖아요."

바닷물의 부력 때문이에요. 찌를 만들면 바닷물에 띄워봐요. 가라앉지 않고 표면에 가볍게 마치 무게가 없는 것처럼 둥둥 떠야 해요. 만약 찌가 가라앉는다면 나무와 납의 무게를 다시 맞춰야 해요. 나무마다 촉감이 다르잖아요. 촉감이 다르듯 무게도 달라요. 그러니까 납의 무게를 나무마다 조금씩 다르게 맞춰야 해요.

일단 찌를 만들고 나서 바닷물에 띄워보고 납을 조금씩 잘라내면서 무게를 일일이 맞춰요. 그렇게 차츰차츰 무게 제로를 만드는 거예요. 그러고 나서 최종적으로 내 손바닥에 올려놓고 찌의 무게를 느껴봐요. 내 손으로 직접 만든 선물을 나눠줄

때 행복해요. 그 찌로 물고기를 낚으면 낚시꾼에게는 자기만의 찌가 되는 거죠.

알고 보니 낚시꾼으로서 그의 전설적인 명성은 그의 찌 때문이었다. 그가 선물한 찌로 낚시를 하면 아주 잘된다는 전설이 전해 내려오고 있었다. 그러나 나는 전설보다는 이제 막 들은 말 '무게 제로'에 마음이 갔다.
"인생에서도 무게 제로를 만들 수 있어요?"

제 아내와 제가 사는 것, 혹은 제 친구들과 제가 사는 것이 그렇죠. 우리는 서로가 지고 있는 무게를 알아요. 제 아내와 저도 서로 상대방이 지고 있는 무게를 압니다. 저는 사람을 보면 항상 그 사람이 지고 있는 무게가 보여요. 제 생각에 사람 사이의 균형과 조화란 게 서로의 무게를 알면서 만들어지는 것 같아요. 그래야 둘이 같이 가라앉지 않아요. 저는 바다가 아무리 좋아도 아내가 우울한 날은 가지 않아요. 아내와 함께 시간을 보내요. 아내가 무거워지면 제가 가벼워지고 제가 무거워지면 아내가 가벼워지고. 균형 맞추기죠.

그의 집은 작은 편이었는데 대문 바로 옆에 공방이 있었다. 공방에는 공사장에서 쓰고 남은 나뭇조각들과 형광 페인트들이 있었다. 바닷물을 담아놓은 실린더도 있었고 나무를 깎는 기계도 있었다. 각도기, 나사못 외에 다른 공구들도 있었다. 바람 부는 날이면 나무 냄새, 톱밥 냄새, 페인트 냄새 따위가 바다 냄새에 섞여서 공기 속을 흘러 다니는 곳이었다. 그는 그곳에서 찌뿐만 아니라 가구도 만들었다.

> 거실 탁자, 아내의 서랍장. 다 버려진 나무 주워다가 내가 만들고 칠한 거예요. 이 거실 탁자에서 커피를 마시고 과일을 먹어요.

"어떻게 버려진 나무로 이런 것을 다 만들 생각을 했어요?"

> 수많은 직업을 전전했기 때문일 거예요. 세탁소를 했기 때문에 물과 기름에 대해 좀 알아요. 공사장에서 일했기 때문에 공구에 대해서 알아요. 나무를 심기 때문에 나무들마다 다른 특징을 조금은 알아요. 어떤 나무는 단단하고 어떤 나무는 무른

지. 무른 나무가 손질하기가 더 힘들어요. 인생에 쓸데없는 것은 없어요. 그걸 모아서 선물을 하려고 마음만 먹으면요.

그의 작은 찌 안에 그가 살아온 시간이 고스란히 들어 있다. 시간의 축적은 경험의 축적이기도 하다. 경험의 축적은 몇몇 나무의 특징이나 작업 공정을 익혔다는 뜻만은 아니다. 그 안에는 실망과 좌절과 씁쓸함의 이야기도 가득했다. 어쨌든 그는 떠돌았다. 그러나 그것들을 다 모아서 그는 결국 아주 작고 반짝거리는 선물 하나를 만들었다(그가 만든 찌는 무척 예쁘다. 원뿔형 팽이처럼 생겼는데 흠집 하나 없이 반들반들하고 휘황찬란한 형광색으로 매끈하게 칠해져 있다. 찌를 몇 개만 모아놓아도 꽃밭처럼 보인다).

그가 어떤 일을 겪고 살아왔던지 간에, 그가 인생의 어느 시점에서 어떻게 살고 싶어 했는지가 '무게 제로'라는 말 속에 들어 있다. 그는 무게 제로라는 말 속에서 자기에게 일어난 크고 작은 일들, 쓰라린 경험들마저 의미 있게 쓸 수 있게 되었고 그렇게 자기만의 지혜와 능력을 발견했다. 게다가 덤으로 전설적인 낚시꾼이라는 명성까지 얻게 되었다. 그러나 내 생각에 그는 찌 때문

눈맛, 무게 제로

이 아니더라도 전설이 되기에 부족함이 없다.

이런 질문을 던져볼 수 있다. "당신은 타인을 볼 때 무엇을 보는가?" 아마도 많은 사람들이 타인이 무엇을 가졌는지, 무엇을 누리는지를 주로 볼 것이다. 우리는 타인이 잘 지내고 있다는 생각에, 내가 누리지 못하는 것을 누린다는 생각에 고통을 받는다.* 반면 타인을 볼 때 그 사람이 지고 있는 무게를 보는 사람은 극히 드물다. 자신의 고통으로 타인이 지고 있는 무게를 가늠해보는 사람 또한 드물다. 하지만 아주 큰 고통을 겪은 사람은 그렇게 할 수 있다. 그런 사람의 말은 다르다. 그는 영혼에 바다를 품고 있는 것이나 다름없다. 이런 사람이 너무나 드물기 때문에 그는 전설이다. 우리는 이 전설적인 인물과의 만남을 행복이라고 불러도 좋을 것이다. 문제는 이 행복이 행복인 줄 모르는 사람이 많다는 것이다. 남에게 무게를 싣지 않으려는 사람에게 거리낌 없이 무게를 실으려는 사람은 많다. 무시무시할 정도로 타인의 무게를 느낄 때는 어떻게 해야 할까? 그는 이렇게 대답할 것이다.

---

* 로마시대의 철학자 보에티우스는 "'너는 잘 살고 있구나'라는 생각에서 해방되어야 잘 살 수 있다"라는 말을 남겼다. 아마 이 말은 인류가 존재하는 한 영원불멸의 진리일 것이다.

"바다로 가지요."

그가 말한 바다는 어떤 곳일까? 느리고 잔잔하게 움직이는 물결은 우리를 달래준다. 새 한 마리가 날아가면서 하늘에 만든 공기의 파문, 하얀 깃털 같은 흔적은 알 수 없는 동경을 불러일으킨다. 바다에서 부는 바람은 주변을 잊고 오로지 자아에 몰두할 때 불어닥치는 내면의 광풍과는 다르다. 무시무시한 자아의 무게와 타인의 무게도 한나절이면 바닷물에 녹아든다. 우리의 슬픔과 서러움, 사랑과 죽음, 이 모든 것을 품고 있는 파도는 결코 해안선에 이르기를 포기하는 법이 없고 어쩌면 우리는 그 바닷가에 서서 아주 소중한 또 하나의 능력, '마음을 비우는 능력'을 얻게 될 수도 있을 것이다. 굵은 눈물 한 방울 짠 바다에 떨구고. 아무도 모르게.

눈맛, 무게 제로. 이 단어들은 모두 괴로움, 인내, 허리가 휠 듯한 무게 그리고 행복감이 함께 있는 복합적인 아름다움의 단어다.

하쿠나마타타

나에게는 활짝 핀 해바라기 한 송이가 수놓인 앞치마가 있다. 엷은 카키색 광목천으로 만든 앞치마는 길이가 긴 편으로 종아리 중간 부분까지 내려온다. 앞치마의 가슴 부분에 수놓인 해바라기의 꽃잎은 환하게 빛나는 노란색이다. 빈센트 반 고흐의 해바라기보다 밝은 색이다. 꽃잎은 스무 장가량 된다. 꽃 안에는 갈색과 초콜릿색의 꽃술이 새 둥지 비슷한 모양으로 촘촘하게 수놓여 있다. 나에게 이 앞치마는 영원히 보존할 유물이다. 이 앞치마를 만들고 나에게 준 사람이 있다. 사연은 이렇다.

경북 고령에 사는 황명애 씨는 2003년 2월 대구 지하철 참사로 맏딸을 잃었다. 당시 딸은 열아홉 살이었고 대학 입학을 앞두고 있었다. 그날 아침 딸은 아르바이트를 하러 집에서 일찍 나갔다. 그는 아르바이트하던 곳에서 딸이 오지 않았다는 전화를 받고서야 딸에게 무슨 일이 생겼음을 감지했다. 혹시 하는 마음에 사고가 났다는 대구 중앙로역으로 달려간 황명애 씨는 아수라장이 된 폴리스라인 앞에서 기절했다. 시신이 지하에서 올라올 때마다 경찰은 이렇게 발표했다. 남자 한 명, 여자 한 명. 그러다가 나중에는 그냥 한 명. 성별도 없이 그냥 한 명……. 딸을 잃고 얼마 뒤 그는 대구지하철참사 실종자가족대책위원회에서 일을 했다. 그의 친구들이 "너는 딸을 잃고도 그냥 쓰려져 있기만 할 거냐?"라면서 몸을 가누지도 못하는 그를 끌고 갔기 때문이다.

아무리 슬픈 사람도 서러운 눈을 붙이는 새벽 세 시경, 그는 아무도 모르게 지하 사고 현장으로 내려갔다. 온통 그을리고 무너지고 뒤틀려서 사람이 살아 있을 가능성이라곤 전혀 없는 그곳을 그는 매일 밤 구역을 정해 샅샅이 뒤졌다. 천장도 바닥도 꼼꼼하게 들춰 봤다. 그는 무엇을 찾고 있던 것일까? 딸이었다. 딸을 찾아 업고 나올 수 있다면 얼마나 좋을까? 아무리 센 불길도 무섭지 않은데……. 하지만 불은 이미 오래전에 꺼졌다. 그래도 어딘가에서 딸이 쪼그리고 앉아서 자신을 기다리고 있을 것만 같았다. 엄마는 날 끝까지 찾아보지도 않고 벌써 여길 떠날 거야? 딸의 목소리가 들리는 듯했다. 우리 딸이 정말 죽었을까? 그것만큼 믿기 힘든 일도 없었고 떨쳐내기 힘든 집착도 없었다.

"우리 딸은 혼자 밥을 먹더라도 식탁을 아주 이쁘게 차려서 먹었어요."

그는 그 말을 할 때 손을 오목하게 모아 밥공기 모양을 만들었다. 그 손동작이 단정히 앉아 밥을 먹었을 한 사람의 존재를 느끼게 만들었다. 딸은 아르바이트로 번 돈을 한 푼도 쓰지 않고 통장에 모아두었다. 딸의 예금 통장도 딸이 죽었음을 알까? 딸의 양말도 알까? 딸의 원피스도 알까? 모두 이구동성으로 이렇게 물을까? 그렇게 자기 삶을 소중히 여기고 자기 스스로를 돌볼 줄 알던 아이가 죽었다고?

가장 참담한 일은 딸이 지하철 참사 현장에서 죽었음을 엄마가 증명해야 하는 것이었다. 그는 딸이 받은 아르바이트 월급 명세서, 지하철 승하차 내역, 반지, 목걸이, 가방 같은 소지품의 구매 내역, 치과 기록, 마지막 통화 내역 등을 대구시에 제출했다. 그러나 그를 포함한 모든 유가족이 진심으로 하고 싶었던 말은 "내 가족은 그날 거기서 죽었습니다"가 아니라 "내 가족은 절대로 그날 거기서 죽지 않았습니다"였다. 황명애 씨는 딸을 치과 기록으로 찾았다. 치과 병동의 간호사가 눈물을 줄줄 흘리며 찾아준 오래된 기록이었다. 합동 장례식 날 그는 가느다란 손목뼈와 두개골을 받았다. 손목뼈를 받자 그는 즉각 딸을 알아봤다.

'아, 이 뼈는 우리 아이 거야!'

황명애 씨는 세상의 모든 엄마가 살아 있는 딸을 안듯 뼈들을 안았다. 안는 순간 뼈들은 형체도 없이 무너지고 말았다. 그 모습은 그가 어려서 짚을 태우던 날의 기억을 떠오르게 했다. 불에 탄 짚을 들어 올리면 그 짚은 모습을 잃고 먼지로…… 그랬다.

'아, 이렇게 가벼울 수가……'

엄마와 딸이 아기자기, 이쁘게 살던 세계는 붕괴했다. 그는 자신에게 질문했다. '이제 뭘 하지?' 그 질문이 입 밖에 나온 것은 아니었다. 그는 실어증을 앓기 시작했다. 그는 딸을 잃고 말을 잃고 눈물을 얻었고 침묵을 얻었다(내게도 그의 실어증은 피할 수 없는 일로 보인다. 인간의 말은 그런 말을 하도록 발명된 것이 아니다. 인간의 입도 그런 말을 하도록 만들어진 것이 아니다. 그것은 인간이 겪을 수 없는 일이고, 말로 표현할 수 없는 일이다).

'불탄 곳에서 아름다움이 피어난다고? 나더러 그것을 믿으라고?'

그가 믿지 못하는 것이 또 있었다.

'세월이 가면 슬픔은 사그라든다고?'

아니었다. 슬픔은 그런 것이 아니었다. 슬픔은 사라지는 단어가 아니다. 슬픔은 오겠다는 기별도 없이 제멋대로 마음 내키는 대로 수시로 온다. 눈을 감아도 온다. 슬픔이 오는 것을 막을 수 있는 눈꺼풀은 없다. 슬픔은 거친 밤을 기진맥진 통과하게 만든다. 슬픔은 자신을 진지하게 대하라 요구하는 손님이다. 그러나 어쩌겠는가? 이 슬픔이야말로 딸에게서 엄마가 받은 유산인걸. 저절로 사라지는 것이 아니라면 슬픔도 눈물처럼 어디론가는 흘러가야 한다.

그렇다면, 이제 입을 열면 무슨 말을 해야 할까? 딸이 잃은 것은 미래였다. 그토록 사랑하는 딸이 잃은 것이 미래라면, 이제 그 미래를 그가 만들어야 한다. 그 미래는 말할 것도 없이 딸들이 죽지 않을 미래였다. 그가 입을 열고 처음 한 말은 지하철을 불연재로 바꾸라는 것이었다. 그를 포함한 유족들이 '차마' 입 밖으로 내지 않는 말이 있다.

"당신도 내가 겪은 일을 겪어봐!"

그는 조용히 웃었다. 딸에게는 그 말을 얼마나 자주 했던지.

"너도 한번 엄마가 돼봐."

그러나 딸은 엄마가 돼보지 못했다. 재난참사로 가족을 잃는다는 것은 인간이 맨정신으로 겪을 수 있는 일이 아니기 때문에 유족들은 "당신도 겪어보세요"가 아니라 "당신은 겪지 마세요"라고 말한다. 이것이 "다시는 이런 일이 반복되지 않았으면 좋겠습니다"의 의미다. 엄청난 자제심의 말이다. 그러나 우리는 자리를 바꿔볼 줄 알아야 한다.

'내가 그 일을 겪었다면……'

그러나 유족들이 아무리 많은 눈물을 흘려도, 아무리 가슴을 쥐어뜯어도 재난은 결코 멈추지 않았다. 슬픈 사람들에게는 밤에 우는 개의 울부짖음마저 몇 배는 크게 들린다더니 그 말이 맞나 보네, 그는 생각했다. 그의 몸은 슬픈 사람들 쪽으로 그를 끌고 갔다. 그 여정은 말도 못하게 괴로운 것이었다. 재난참사 현장은 모두 피 같은 말들, 짐승 같은 울부짖음이 있는 곳이었다. 모든 울부짖음은 자신의 울부짖음을 기억나게 했다. 모든 슬픔은 자신의 슬픔을 상기시켰다. 죽은 자들이 살려고 했을 모든 몸짓, 결국 헛되게 된 몸짓은 딸의 몸짓이기도 했다. 그러나 그는 슬픔을 위로하기 위해, 말없이 곁에 있기 위해 재난 현장으로 갔다.

나는 이렇게 재난참사로 가족을 잃은 슬픈 사람들끼리 만든 조직('펜박penvac'이라는 이름의 조직이다)을 프랑스에서 취재한 일이 있었다. 조직의 목적은 슬픈 사람이 슬픈 사람을 돕는 것이었다. 이런 조직이 만들어진 덕분에 슬픈 사람들은 가장 인간적인 단어 아래 모일 수 있었다. '연대'라는 단어였다. 슬픈 사람들은 그 단어 아래 모여, 그 단어를 임시 피난처 삼아, 다시 인간들 틈에서 짧은 위안을 구하고 어두운 마음을 헤집어 해야 할 말을 찾아냈다. 내가 프랑스에서 들은 연대의 정의는 언어로 표현될 수 있는 가장 아름다운 인간의 마음에 속한다.

> 연대 원하지는 않았지만 내가 겪을 수밖에 없었던 일로 알게 된 모든 것을 당신께 알려드릴게요. 온 힘을 다해 당신을 도울게요. 당신은 나보다 덜 슬프도록요.

그는 수년 전에 고령에 마당이 있는 작은 커피숍을 열었다. 그는 커피를 내리는 행위를 좋아했다. 정확히 말하면 커피를 내리는 행위에 깃든 마음을 좋아했다. 그것은 남의 기쁨을 기뻐하는 마음이었다. 이것은 우리에게도 필요한 마음일 것이다. 삶은 얼마든지 우리의 가슴을 찢어놓을 것이므로.

2018년 어느 더운 여름날, 내가 바로 그 커피숍의 손님이었다. 커피 가격은 2,500원에서 4,000원 사이. 그는 커피숍 한구석에 일고여덟 명이 앉기 적합한 커다란 나무 테이블을 두고, 그 위에는 형형색색의 실과 크고 작은 바늘을 올려놓았다. 바느질을 할 줄 알거나 배우고 싶은 사람은 누구라도 그 자리에 앉아 수를 놓을 수 있었다. 신기하게도 그 앞에서는 사람들이 속내를 잘 털어놓았다. 그는 다른 사람의 슬픔이 이슬 맺힌 새벽 꽃이라도 되는 것처럼 조심조심 다뤘다. 나무 테이블은 점점 더 세상의 슬픈 사람들을 위한 피난처가 되었다. 그 자리에서 가장 슬픈 사람인 그가 슬퍼하는 사람들의 이야기를 듣고, 가장 슬픈 사람인 그가 슬퍼하는 사람들을 위로했다. 그런데 슬픔에 위계질서가 있는가? 그는 자신에게 물어봤다. 아마 아닐 것이다. 각자의 슬픔의 크기는 저마다 우주만큼 광활하다.

내가 찾아간 날, 나는 그에게 물었다.

"무슨 생각을 제일 많이 하세요?"

"외로운 사람들이 너무 많아요. 오늘도 그런 이야기 했는데 자살하는 사람도 너무 많아요. 뭔가 해야겠어요.

우리 유족들 중 몇 분이 세상을 떠났어요. 아직 그럴 나이가 아닌데. 암 같은 병에 걸려서요. 내게도 시간이 많지 않아요."

그 말을 하면서 그는 내가 쓰고 간 모자에 수를 놓았다.

"무슨 수를 놓아드릴까요?"

"어머니 이름을 써주세요."

그는 모자에 자신의 이름 이니셜을 오렌지색 실로 수놓았다. 글씨체는 필기체였다. H, M, A, 알파벳 세 글자가 떨어져 있지 않고 부드럽게 연결되어 있었다. 마치 글자들이 서로에게 손을 내밀고 있는 것처럼.

그는 고령의 그 카페에서 내게 앞치마를 선물했다. 그가 직접 앞치마를 내 목에 걸고 허리끈을 묶어주었다.

"가져요."

"이걸 제가 받아도 될까요?"

"내가 아까울 게 뭐가 있겠어요?"

"왜 해바라기 꽃을 수놓았어요?"

그가 해바라기를 좋아하는 이유는 해바라기가 빛을 좋아하기 때문이다. 아마도 그는 해바라기 꽃을 수놓는 동안 어둠으로부터 빛 쪽으로 고개를 돌릴 수 있었을 것이다. 이 파괴적인 세상이 만든 슬픔 사이로 그가 스스로 만든 삶의 길목에 심어진 꽃, 해바라기.

  그가 가장 좋아하는 말은 스와힐리어 '하쿠나마타타'였다. 말뜻은 '다 잘될 거야'다. 다 잘될 거라니? 이 말은 그냥 그런 통속적인 말인가? 아니면 진실인가? 아마도, 이 말은 절반만 진실일 것이다. 이를테면 '네가 원하는 일은 이루어진다'가 절반만 진실인 것처럼.

얼마 전 쉼보르스카의 시 「위안」을 읽다가 그를 떠올렸다. 시에 따르면 찰스 다윈은 휴식을 취하면서 소설을 읽었다고 한다. 단, 절대로 슬픈 결말로 끝나는 책은 읽지 않았다고 한다. 그 시를 읽을 때 황명애 씨가 생각났다. 그리고 나도 시 한 편을 쓰기 시작했다.

>   나는 나의 버디에게 좋은 시가 있어, 옮겨 적어줄게, 라고 말했다
>   그리고 약속대로 그 좋은 시, 쉼보르스카 시인의 「위안」을 적기 시작했다
>
>   다윈.
>   그는 휴식을 취하기 위해 소설을 읽곤 했으리라.
>   하지만 조건이 있었다:

하쿠나마타타

절대 슬픈 결말은 안 된다는 것.
어쩌다 그런 책을 읽게 되면,
분노에 휩싸여 불 속에 던져버리곤 했다.

사실이건, 아니건―
나는 기꺼이 이 이야기를 믿는다.

머릿속으로 그 넓은 영역과 그 오랜 시간을 계산하면서
그는 죽어가는 종種들을 원 없이 관찰했다,
약자를 짓밟는 강자의 승리를,
살아남기 위해 빌버둥 치는 수많은 시도를,
빠르든, 늦든 결국 최후를 맞는 건 마찬가지인데.
어쨌든 그는 아주 미세한 규모의 허구로
행복한 결말을 요구할 수 있는 권한을 획득했다.

그러므로 필수적이다: 구름 뒤편의 밝은 빛,
재결합한 연인들, 화해한 가족들,
해소된 의문들, 보상받은 충절,
되찾은 재산, 발굴된 보물들,
거만했던 태도를 후회하는 이웃들,

나의 단어, 이야기

복구된 명성, 사그라든 욕심,

덕망 있는 교구 목사들에게 시집간 노처녀들,

지구 반대편으로 추방당한 모략꾼들,

계단 아래로 굴러떨어지는 문서위조범들,

교회의 재단으로 달려가는 난봉꾼들,

보호를 받는 고아들, 치유를 얻은 과부들,

겸손해진 우월감, 아물어가는 상처들,

식탁에 초대받은 탕자들,

바닷속으로 쏟아버린 회한의 쓴잔盞,

화해의 눈물로 흠뻑 젖은 손수건,

일반적인 노래와 연주,

그리고 제1장에서 길을 잃은 강아지 피도Fido*가

유쾌하게 짖어대며

집을 향해 뛰어가고 있다.**

---

* 이 시의 옮긴이 주에 따르면 이탈리아의 보르고 산 로렌초에 살던 강아지 피도는 제2차 세계대전 중인 1943년에 폭격으로 주인 카를로 소리아니를 잃은 뒤 1958년에 자신이 죽을 때까지 14년 동안 매일 버스 정류장에 나가 소리아니를 기다렸다고 한다. 이후 보르고 산 로렌초에는 피도를 기리는 동상이 세워졌다.
** 비스와바 쉼보르스카, 「위안」, 『검은 노래』(최성은 옮김, 문학과지성사, 2021), 171-172면.

나는 끝까지 시를 옮겨 적다가 눈물이 그렁그렁해지고 말았다
피도는 정말 아무것도 모를 텐데
피도가 카를로를 만나면 얼마나 좋을까
슬픈 이야기들을 제1장부터 다시 시작할 수 있다면 얼마나 좋을까
그럴 수 없다는 것을 아는 나는 세상에는, 절대로 돌이킬 수 없는 일이,
이를테면 과거로 돌아가는 일처럼, 있다는 것을 이제 처음 알게 된 아이처럼 괴로웠다

이 시를 옮겨 석사바사
로자 룩셈부르크가 물소가 사람들에게 맞아 죽는 것을 보고 글로 썼다는 것을 알게 되었다
그녀가 뭐라고 썼든 그녀의 단어들은 그녀의 운명과 교차했다
로자 룩셈부르크는 얼마 뒤 곤봉에 맞아 죽었다
나는 이 사실을 파울 첼란의 시에서 알게 되었다
파울 첼란은 투신했다
그 며칠 뒤엔 열아홉 살의 미얀마 소녀가 군부의 총격에 맞아 사망했다는 뉴스를 봤다

소녀는 다 잘될 거야 문구—Everything will be OK—가 적힌 검은 티셔츠를 입고 있었다
그 며칠 뒤엔 청년 노동자가 평택항 작업장에서 컨테이너에 깔려 죽었다는 뉴스를 봤다
죽은 청년은 죽기 2주일 전, "우울해"라고 말하는 친구를 위로했다
"괜찮아, 우린 젊잖아!"

슬픔을 극복할 수 없던 나에게 급히 위안 처방이 필요해졌다
그러나 몇 날 며칠 기다려도 그런 것은 없었다
너무 어린 나이에 재가 된 소녀, 머리에 총을 맞은 소녀, 맞아 죽은 동물들, 결코 나이 들어볼 기회를 갖지 못한 스물세 살 청년
왜 세상은 나에게 불행과 슬픔이 버젓이 활개 치고 다니는 것을 알려주는지
왜 시는 비탄의 말을 읊조리는지
이 시는 위안의 시가 아닐지도 모른다
이 시는 내 멋대로 이름을 다시 붙인다면, '꿈'에 관한 시다
우리는 진실에 묶인 채 꿈을 꾼다

시간이 멈췄으면 좋겠다
아무 일도 일어나지 않도록, 우리가 제발 좀 가만
히 있도록, 우리가 서로를 해치지 않도록
나는 이 비뚤어진 시간을 점거하고 싶다

이렇게 쓰고 나니 내가 아직 사랑이란 것을 할 수
가 있구나 싶다
혹시 저기 슬픈 사람들, 그리고 피도와 물소, 로자,
'다 잘될 거야' 소녀, '괜찮아, 젊잖아' 청년, 내 목
소리 들려? 들린다고? 다행이야, 너무 다행이야
신난다, 네가 듣고 있다면 나는 더 힘낼 수 있어,
사랑해, 살해볼게
비로소 위안이 된다, 움직이자!
내가 시간을 점거할 때까지만 기다려줘
다 잘될 거야

이렇게 쓰고 나는 '깊은 슬픔, 깊은 꿈, 하쿠나마타타'라
는 제목을 시에 붙여본다. 황명애 씨의 하쿠나마타타는
그의 깊은 슬픔이 낳은 위안과 꿈의 단어였다.

그의 꿈은 자신이 '마지막 슬픈 사람'이 되는 것이다.
그의 선택은 언제나 세상의 슬픔을 줄이는 것이었다. 그

에게 위안은 세상에 다시는 그런 일이 벌어지지 않는 것이었다. 그의 이런 생각은 깊은 사랑으로부터 온 것이었고, 결국 그의 삶 자체가 커다란 사랑이 되었다. 딸은 언제나 그에게 빛이었다. 길을 안내하는. 혹시 하쿠나마타타라는 말을 그에게 들려준 사람은 딸이 아니었을까? 매일 밤 사뿐사뿐 그를 찾아와서? 그럴지도 모른다는 생각을 지금 글을 쓰면서 해본다.

며칠 전 그에게 전화를 했다.

"코로나 시대인데 건강은 어떠세요? 앞으로 다시 커피숍을 열 마음도 있어요?"

"뭔가 하긴 할 거예요. 아무것도 하지 않기엔 아직은 힘이 있어요. 고령에 오면 연락 줘요. 밥은 언제든지 사 줄 수 있어요."

하쿠나마타타. 이 말을 한 사람이 딸의 뼈를 만진 손으로 찬란한 해바라기를 수놓았다는 것은 잊을 수 없는 일이다. 그는 최악의 상황을 이야기의 출발점으로 삼을 줄 알았다. 나는 그토록 깊게 슬퍼한 사람이 타인의 행복을 바란다는 사실을 떠올릴 때마다 놀란다. 슬픔과 아픔이 경이롭게 변한 말, 하쿠나마타타. 생의 경이가 아니라 생의 경시가 가득한 이 사회에서 조건이 하나 붙으면 이 말은 백 퍼센트 진실에 가까워진다. 당신이 싸울

하쿠나마타타

준비가 되어 있다면.

일기, 동화책, 컵

일기, 동화책, 컵

초여름에 우박이 떨어지던 날이었다. 새벽일을 마친 일용직 노동자들이 허기를 달랠 국밥 한 그릇 먹으려고 모여들던 시간에 나는 성남의 한 재래시장에서 우박을 피하고 있었다. 내 옆에는 젊은 떡집 주인이 있었다. 하늘은 어둑한 것이 일하기보다는 이야기 나누기 좋은 때였다. 나는 그에게 어떻게 떡집 주인이 되었느냐고 물어봤다. 사연은 간단했다. 그의 어머니가 떡집 주인이었고 나이가 들자 그 떡집을 딸에게 물려준 것이었다. 나는 그에게 "엄마와 가까웠어요?"라고 물었다. "웬걸요." 그는 한숨을 쉬었다.

> 저는 엄마의 삶을 따라 살고 싶지 않았고 엄마랑은 어떻게든 멀리 떨어져 살고만 싶었는데 결국 이렇게 되었네요.
> 누구나 어린 시절이 중요하다고 하는데 저는 요즘 와서 생각하면 그 말이 과연 맞는지 잘 모르겠어

요. 저에겐 과거보다 현재가 더 중요한 것 같아요. 제가 중학교 1학년 때 아버지가 돌아가셨어요. 시골 어른들이 여자 혼자 살면 안 된다고, 특히 시골에서 남편 없이 여자 혼자 살기 힘들다고, 애를 놓고 떠나서 너도 네 삶을 살라고 엄마에게 말했나 봐요. 엄마는 저를 놔두고 막내만 데리고 고향인 전북 고창에서 성남으로 왔어요. 그때 막내는 여섯 살이었어요. 아니 여덟 살이었던가? 하여간 저는 작은아버지랑 살게 되었어요.

엄마는 제가 작은아버지랑 사니까 별걱정을 안 하셨나 봐요. 하지만 저는 한창 사춘기였고 '왜 나는 엄마랑 같이 살지 못하나?', '엄마가 자식 떼놓고 무슨 자기 삶을 사나?'라는 생각을 자주 했어요. 그런 내색을 하면 어른들은 철없는 소리 그만하라고 했죠. 어른들은 저보고 다 컸다고 하는데 저는 하나도 크지 않은 거죠. 제 안에는 엄마랑 떨어지기 싫어하는 아이가 있었어요.

그는 스물세 살에 결혼을 했다.

결혼이라기보다는 가출에 가까웠던 것 같아요. 그

일기, 동화책, 컵

덕에 애도 빨리 낳았어요. 애 낳고 전업주부로 살다 보니까 자꾸 엄마 생각이 나는 거예요. 엄마도 자기 삶이 있어야 하는 건 아닌가, 그런 생각도 슬슬 하고요. 그나마 다행인 건 나는 엄마랑은 5분을 이야기하기도 힘든데 애들이랑 남편은 엄마랑 잘 지내는 거예요. 그래서 '내가 못한 걸 애들이 하는구나' 하고 흐뭇한 마음이 쪼끔 들기도 했어요. 그렇다고 엄마랑 사이가 금세 좋아진 것은 아니었어요. 나는 엄마 때문에 유년 시절도 없고 엄마랑 추억도 없고 사는 게 힘들었다고 말하고, 엄마는 자기도 힘들었다고 하는 거죠. 우리 사이는 영원한 평행선이었어요.

그는 그 상태로 엄마의 떡집 좌판을 이어받았다. 그는 시장에 일하러 나와서 엄마의 실체를 알게 되었다. 그렇게 같이 살고 싶었던 엄마는 싸움박질 잘하는 늙어가는 여자에 불과했다. 엄마는 시장에서 계산속 밝고 드센 여자로 알려져 있었다. 외상값도 떼먹기 일쑤라는 소문이 있었다.

그런 말을 들으니 속상하고 분했어요. 알고 보면

우리 엄마가 얼마나 인정이 많은데. 엄마는 자기 삶을 살랬더니 어쩌자고 친구들한테도 인정을 못 받는 거야?

그때 그는 결심 한 가지를 했다.

나로 인해 우리 엄마의 평판이 달라지게 해보자! 엄마도 제 나이에 엄청 고생했어요. 자기 삶을 살라고 등 떠밀면 다 살게 되나요? 형편만 나았다면 우리 엄마도 다르게 살 수 있었다고요. 여기 있는 어르신들은 대체로 우리 엄마랑 같이 장사를 시작하셨어요. 엄마 나이 또래가 제일 많았어요. 저는 어른들 말씀을 잘 듣고 받아주기 시작했어요. 그냥 잘 귀 기울여 듣기만 했어요. 맞장구도 치고요. 그런데 어른들이 우리 엄마가 가끔 시장에 들르면 그러는 거예요. 아휴, 딸 잘 키웠다고. 어른들 하나하나 잘 챙긴다고. 시장 어른들이 저 같은 딸 낳은 걸 보니 우리 엄마도 괜찮은 사람이라고 생각하기 시작했어요. 엄마도 누가 제 칭찬 하면 기뻐하더라고요. 엄마가 기뻐하니까 저도 기쁘고. 그러는 동안 우리 사이가 약간씩 정리되는 기분이 들었어요.

"잘 듣기만 했는데 그렇게 되었다고요?"

네, 그냥 들으려고 했어요. 대화를 하려면 누군가는 들어야 하고, 저는 시장이 처음이잖아요. 저는 엄마 때문에 불행하다고 생각했는데 이제 엄마에게 고마워요. 저는 시장에 와서 엄청 배웠어요. 저는 공부를 많이 못했어요. 하지만 시장에선 인생 공부를 할 수 있어요. 배움에는 때가 있다는데 저에겐 지금이 때예요. 시장 상인들은 부지런해요. 밤늦게 일해도 새벽엔 어김없이 나와요. 돈 없이 살아서 어려운 사람 사정도 알아요. 어려운 사람이 어려운 걸 알아요. 이걸 제가 어디 가서 배우겠어요? 저도 우리 아이들에게 해줄 말들이 생겼어요. 뭘 배워야지 할 말이 생기더라고요.

나는 떡집 주인에게서 현미 쌀 작은 봉지를 샀다. 이제 그만 가볼까 생각할 때 그가 솔깃한 말을 했다.

"게다가 저는 시장에서 일하면서 인생의 멘토를 만났어요."

"멘토요?"

때는 바야흐로 멘토의 시대이기는 했다. 그때는 일론 머스크도 없고, 제프 베이조스도 없고, 스티브 잡스도 등장하기 전이었던가? 하여간 빌 게이츠는 있었고 창고에서 뚝딱뚝딱 컴퓨터를 조립하던 천재들의 시대이기는 했다. 우리나라에도 국민 멘토라 불리던 사람들이 몇몇 있었다.

"네, 야채 장수 언니예요."

"야채 장수요?"

야채 장수 멘토가 이상해요? 저는 인생에서 사회적 지위가 중요하다고 생각하지 않아요. 원래부터 그렇게 생각한 것은 아니었어요. 저도 우리 애들한테 나처럼 살지 말아야 한다고, 성공해야 서럽지 않다고 닦달했으니까요. 어느 날 언니가 그걸 지켜보더니 말했어요.

"빛이 안 나도 괜찮아. 하지만 따뜻해야 해."

어라, 그 말이 꽤 좋게 들렸어요. 그날 당장 집에 가서 우리 애들한테도 그렇게 말했는데 제가 진심으로 말하고 있더라고요. 언니는 배움은 짧지만 제 눈엔 누구보다도 인생에 대해 아는 게 많아 보였어요. 언니는 어린 나이에 시집와서 시할머니부터 모시고 살았어요. 대가족의 맏며느리면서 시장에 와서 장사하는데 저보다 훨씬 힘들 거예요. 언니는 체구도 작고 맨날 아파요. 그래도 언니는 내가 힘들다고 하면 이렇게 말해줘요.
"상대방 입장에 서서 한번 생각해볼래?"
언니랑 있으면 평온해져요. 내가 뭔 말을 하든 언니 입으로 들어가면 더 괜찮은 걸로 변해서 나와요. 언니랑 이야기한다고 해서 문제가 해결되는 것도 아니고 사는 게 더 쉬워지지도 않아요. 하지만 언니랑 있으면 사는 것이 더 괜찮은 일이 돼요.

사는 게 쉬워지지는 않아도 더 괜찮은 일이 된다니. 이 말을 듣고도 야채 장수 언니를 만나지 않을 도리는 없었다. 나는 그를 찾아갔다. 떡집 주인이 말한 대로 언니의 체구는 작았다. 눈 밑에 까맣게 기미가 내려앉아 있었다.
"떡집 주인이 멘토라고 하던데요."
그는 내가 말을 걸자 부끄러워했다. 하지만 조근조근 이야기를 시작했다. 그의 말투는 마치 눈 오는 날 하얀 눈을 처음 밟는 사람처럼 조심스러웠다.

제가 남들에게 할 이야기가 뭐가 있을지 모르겠어요. 하지만 우울증에 대해서는 말하고 싶어요. 저희 가족은 40년 전부터 이 시장에서 일했어요. 시어머니가 8년 전에 뇌출혈로 쓰러져서 그때부터 저도 본격적으로 시장에 나와서 일했어요. 시어른들과 같이 산 기간은 23년인데, 인내심이 강한 분들이에요. 부지런하고요. 아마 제가 시어른들에게 뭔가 배웠다면 바로 그거 같아요. 시동생이 병으로 하늘나라로 가기도 하고 집안에 일이 많았어요. 그걸 다 인내하시더라고요. 저도 허리를 다쳤고요. 결혼하고 몸도 마음도 쉴 틈이 별로 없었어요. 결국 우울증을 앓았고 병원에 다닐 수밖에 없었어요. 그러다가 저만의 우울증 탈출법을 찾았어요. 세 가지 방법이 있어요.

첫 번째 방법은 일기를 쓰는 거예요. 젊었을 때도 일기는 좀 썼는데 쓰다 말다 하다가 우울증을 앓기 시작한 뒤부터는 비교적 규칙적으로 썼어요. 아들이 군대 갔을 때는 아들 책상에서 썼어요. 그냥 평범한 노트에 써요. 그렇게 쓴 노트가 벌써 몇 박스 있어요. 시장에서는 온갖 악다구니가 벌어져요. 마늘값, 양파값, 쪽파값 같은 사소한 것들로 얼마든지 죽기 살기로 싸울 수 있어요. 시장에선 별사람 다 만나요. 별말을 다 듣고. 3초만 참으란 말도 있는데 그게 잘 안 돼요. 밤에 돌아와서 일기에 써놓고 며칠 뒤에 읽어요. 자신을 돌아보는 것은 힘들잖아요. 그런데 며칠 뒤에 일기를 읽으면 반드시 돌아봐져요. 그것은 아무것도 아니었구나, 그때는 나도 속이 좁았구나, 그건 사소한 일이었구나, 그런 게 다 보이죠. 쓰고 다시 읽는 것은 사소한 일은 사소한 일이고 중요한 일은 중요한 일로 여기고 살게 해줘요.

"일기가 몇 박스라니. 임청나네요! 가장 기익나는 일기 있어요?"

지금 당장 기억나는 것은 우리 친정어머니가 돌아가셨을 때 쓴 일기예요. 어머니 돌아가시고 나서 제일 슬펐던 것은 제 손으로 따뜻한 밥 한 끼 못 차려드린 거예요. 어린 나이에 시집와서 그렇게 돼버렸는데 우리 엄마가 어떤 음식을 좋아했나 그것도 잘 모르더라고요. 그 일기는 다시 읽어도 정말 슬펐어요. 그다음에 기억나는 일기는 우리 아들이 머리를 꽁지머리로 자르고 온 날. 아들이 대문 안으로 들어오는데 너무 귀여웠어요. 그날 무척 행복했는데 그 감정이 일기에 다 써 있어요. 내가 한 번도 행복하지 않았다고 한다면 좀 거짓이란 걸 알았어요. 그냥 어떤 순간 그렇게 말해버리고 싶은 내가 있는 거더라고요.

"쓰는 게 참 신기한 일이죠?"

네. 처음에는 무작정 썼어요. 사실 나 같은 사람의 하루하루가 무슨 쓸 가치가 있나 싶었는데요, 집에 돌아가면 뭔가를 쓸 거란 걸 나 스스로 아니까 조금씩 마음가짐이 바뀌더라고요. 일하다가 잠깐 본 구름이라도 조금 더 기억해두고 싶어지고 그랬어요. 사실 내 삶은 기록할 만한 게 아무것도 없고, 매일매일 똑같고, 내일도 똑같은 날이 될 것이고, 쓸 가치도, 살 가치도 없다고 생각했는데…… 결국은 그런 생각을 안 하게 되었어요.

그의 가족들도 그녀가 일기 쓰는 것을 좋아했다. 가족들은 그가 어디 있나 찾다가 일기를 쓰고 있으면 조용히

일기, 동화책, 컵

문을 닫고 나갔다.

우울증을 이겨낸 두 번째 방법은 동화책을 읽는 거예요. 아이들 어렸을 때 자기 전에 옆에 누워서 동화책을 읽어주곤 했어요. 우울증이 심할 때 어려서 아이들에게 읽어주던 책들을 다시 꺼내서 읽기 시작했어요. 그랬더니 어린애들에게 동화를 읽어주던 엄마의 마음이 찾아왔어요. 동화책 읽을 때 제 자식 잘못되라고 읽어주는 사람 없잖아요. 자식 잘되길 바랐던 내가 정작 이러면 안 되겠구나, 내가 이러면 애들이 힘들겠구나, 그런 마음이 들 때는 어떻게 내가 지난 몇 달간 그런 생각도 못 하고 살았나 싶기도 하고…… 그랬어요.

그러나 이렇게 마음을 다잡을 때가, 내가 이러면 안 된다고 결심할 때가 사실 제일 힘든 순간이고 제일 인내심이 요구되는 순간이기도 하다.

"세 번째 방법은요?"

세 번째 방법은요, 나한테는 제일 아끼는 소중한 물건이 하나 있어요. 예쁘지도 비싸지도 않아요.

그냥 천 원짜리 플라스틱 컵이에요. 우리 집 2층에 세 들어 살던 새댁이 이사 나가면서 나한테 선물해준 거예요. 정말 좋은 집주인 만나서 편히 지내다 간다고요. 그 컵으로 하루에 한 번씩 5분이나 10분 정도 뭔가를 마셔요. 커피일 때도 있고 차일 때도 있고. 그 컵을 들고 멍하니 베란다 밖의 나무들을 봐요. 우리 집이 1층이라 나무들이 가까워요. 나를 좋아했던 사람이 준 찻잔을 손에 들고 그렇게 몇 그루 나무에 불과하지만 그래도 자연 속에 있으면 이상한 존재감이 생겨요. 누군가에게 좋은 사람이었던 나, 그런 게 조금씩 보여요. 우울증이란 게 사실은 자신의 존재감도 느끼지 못하고 자신을 좋아하기 힘들어서 생겨난 일이라고 하잖아요. 제가 멘토라고 하니까 이상하지만 우울증에서 벗어나게 된 이야기는 알려드리고 싶었어요.

나는 그의 세 가지 방법이 우울증 탈출에 얼마나 효과적인지에 대해서 말할 수는 없지만 이 세 가지가 인간에게 얼마나 좋은 것인지는 조금 더 말해볼 수 있을 것 같다.

첫 번째는 일기 쓰기. 우선 당장 글쓰기는 엉킨 실타래를 푸는 것과 같다는 말이 생각난다. 언제나 느끼지만 종이는 신비로운 공간이다. 종이 위에 뭔가를 적는 순간 종이는 다른 것이 된다. 글이 적힌 종이는 두 가지 시간을 살게 한다. 하나는 과거, 하나는 미래. 나는 그처럼 출판할 목적이 아니라 혹은 좋아요 버튼이 목적이 아니라 서랍 속에 고이 넣어둘 글을 쓰는 사람에게 애정이 있다. 돈과 시선과 관계되지 않은 자기만의 창조적인 일을 해보는 것 자체가 자율적인 인간이 될 가능성을 품고 있다. 쓰는 사람은 자신의 경험을 표현할 단어를 모색하게 된다. 오늘 있었던 일을, 감정의 복잡함을 어떤 단어로 표현할지 자기가 결정한다. 어떤 문장으로 끝맺을지도 자신이 결정한다. 내적인 자유다. 독립성을 무엇보다도 숭시한 모네가 수련과 정원 호수에 비친 나무의 그림자를 그리면서 "여기서는 적어도 남들과 닮지 않아도 된다는 것이 좋네. 내가 경험한 것만 표현하면 되니까"라고 한 말도 이와 같은 맥락이다. 삶을 사랑하고 자기 자신을 믿고 사랑하라는 어려운 문제에 직면한 우리는 쓰면서 어렴풋하게, '그래 바로 이거야' 혹은 '이것인가 봐' 같은 자기만의 해답 비슷한 것을 '감 잡을 때'가 있다. 글을 쓰는 사람은 자신이 찾아낸 해결책이 좋은 것이면, 그것이 올바른 것이었음이 밝혀질 날을 기다린다. 그렇게 종이 위에 쓴 것에서 즐거움을 얻을 수 있다.

그의 말대로 몇 가지 기억은 우리 가슴에 남는다. 집안에서 여성의 노동이란 것은 사실 아무도 기억하지 않고 심지어 자신조차 기억할 수 없는 것투성이다. 그런데 그것이 집안을 돌아가게 한다. 미칠 노릇이다. 내 존재가 지워져야만 집안이 굴러간다니. 그래서 오랜 시간 많은 여성들이 누구의 엄마, 누구의 아내가 아니라 자기만의 방으로 들어갈 자유를 그렇게나 원한 것이다. 누구도 좌절감만 담는 그릇처럼 살 수는 없다. 거기서부터 시작해도 좋으리라. 록산 게이의 말처럼 목소리를 잃었다고 언어를 잃은 것은 아니다. 어떻게 살아야 할지 몰라도 쓴 대로 살 수는 있다. 다른 어떤 보상이 없어도 '그냥' 그 일을 한다는 것만으로 충분히 가치가 있는 일이 있다. 신기한 것은 그 일을 제대로 해냈다는 것만으로 모든 것이 변한다는 점이다. 혼자 쓰기, 혼자 읽기, 제대로 말하기가 모두 이 신기한 일에 속한다.

두 번째는 동화 읽는 마음인데, 동화의 세계에서는 대체로 착한 사람은 상을 받고 나쁜 놈은 벌을 받는다. 나쁜 마녀는 얻는 게 없고 탐욕은 대가를 치르고 아이들에게 잘못한 어른은 후회하고 아이들의 눈물은 보상을 받는다. 읽는 어른이나 듣는 아이나 그것이 흡족하고 옳고 바람직한 결론이라고 느낀다. 이렇게 우리는 최초의 도덕이라고 부를 수 있는 뭔가에 대한 합의를 하게 된다. 이게 보통 사람의 상식이고 이 상식에 근거해서 올바르다고 생각하는 행동을 한다. 그런데 이 평범한 상식은 어느 순간부터 시험에 처한다. 나쁜 사람이 벌 받지 않고 탐욕스러운 사람은 더 큰 이득을 취하고 착한 사람은 바보가 된다고 느껴진다(세월호 참사 이후에는 '어른들 말 잘 들어라'라는 말도 시험에 처했다). 그렇다면 이제 무엇에 근거해 행동해야 한단 말인가? 어른들은 너도 나이 들어봐, 살아보면 알게 된다고 한다. 과연 그렇게 살아도 될까? 그렇게 뿌리 뽑힌 채 살아가도 괜찮을까?

그런데 부조리한 현실의 무게에 맞서서 자신의 고유함, 독립성을 유지할 수 있는 것은 바로 이 지점에서다. 냉소주의, 상황주의, "세상은 원래 그래", "남들도 다 그래"란 체념을 뚫고 자기 삶을 사는 것도 이 지점에서다. 그래서 어른들에게는 '다시 배우기'가 필요하다. 삶의 애매함, 복잡함, 모순, 혼란, 불확실을 다루는 법을 아프게 배워야 하고 살면서 배운 것 중 나쁜 것은 버리고 좋은 것을 나누는 법을 배워야 한다. 그 일을 해내는 사람은 드물고 현재 우리 사회에 어른들의 성장 이야기는 거의 없다. 그래서 어린 왕자는 이렇게 말한다. "어른들에게 말할 때는 잘 설명해주어야 한다니까요." 희망이 있다면 우리가 무엇이 좋은 이야기인지 알고 있다는 것이다. 좋은 이야기는 어쩔 수 없이 그 안에 도덕을 품고 있다. 제 자식 잘되라고 동화를 읽어준다는 말은 좋은 이야기가 안내자가 되면 거기서 나쁜 이야기가 나올 리가 없다는 순수한 믿음과 관련이 있다. 그 믿음이 야채 장수 언니의 내면에 있다.

세 번째 컵 이야기에는 이야기 이전에 관계가 있다. 그 관계가 좋은 것이라서 천 원짜리 컵은 귀한 선물이 될 수 있었다. 한쪽에는 반짝이는 상품의 세계, 돈의 논리가 있다. 비싼 것이 좋은 것인 세계다. 다른 한쪽에는 돈으로 환원되지 않는 선물의 세계가 있다. 값은 상관없다. 나 스스로 부여한 의미가 중요한 세계다. 나 스스로 만든 기쁨이 중요한 세계다. 천 원짜리 컵은 언니에겐 세상에서 가장 소중한 선물이지만 대부분의 사람에게는 그냥 싸구려 컵이다. 오로지 그에게만 선물이다. 그래서 나는 이것을 정체성의 이야기라고 생각한다. 당신은 당신 인생의 무엇을 가장 소중한 선물이라고 생각하는가? 거기에 어떤 이야기가 담겨 있는가? 그 이야기 안에 '이게 내 이야기예요!'라고 할 만한 어떤 고유함이 담겨 있는가?

일기, 동화책, 컵

여기서, 언니가 이 컵으로 커피를 마시던 장소가 내 눈길을 끈다.

마이클 마더라는 학자가 뉴욕 맨해튼 이스트빌리지에 있는 작은 지하방을 빌렸다. 콘크리트 건물들 사이에 있는 지하방은 천장이 낮고 벽은 담배 냄새에 절어 퀴퀴한 숨 막히는 곳이었다. 욕실마저 급조된 것이었다. 대신 뒤뜰로 연결되는 창이 있었다. 집주인은 엄청나게 비싼 집세를 요구하면서 "좋은 것에 집중하세요. 좋은 것은 집 안이 아니라 바깥에 있어요"라고 말했다. 그 바깥은 뒤뜰을 의미했다. 마이클 마더는 곧 집주인의 말이 백번 옳다는 것을 알게 되었다. 커다란 뒤뜰에는 천국의 나무라고 불리는 가죽나무와 올리브나무, 잔디와 관목들과 녹슨 철제 탁자가 있었다. 가죽나무 가지 위를 기어오르는 다람쥐와 나무에 둥지를 튼 새들이 있었다.

그는 방 안이 아니라 거기 앉아서 몇 시간씩 책을 읽고 공부했다. 뒤뜰에 있는 것이 방 안에 있는 것보다 훨씬 낫다는 것은 의심의 여지가 없었다. 바깥에는 색깔과 냄새와 소리가 있었다. 마이클 마더는 잔디의 초록색을 보고 꽃의 냄새를 맡고 바람 소리를 들었다. 그때 그에게 어떤 일이 벌어졌을까?

그는 자신의 몸을 느꼈다. 자신이 무언가를 느끼고 있

다는 것을 느꼈다. 무감각의 세계와의 결별이라고 말해도 좋을까? 그 뒤 마이클 마더는 몸에 대한 감각은 뒤뜰이나 정원에서, 식물 세계와의 접촉에서 그리고 사랑에서 느낄 수 있다는 생각을 발전시켜나갔다.

나도 비슷한 경험을 여러 차례 했다. 숲에 있으면 그냥 숨 쉬는 것 자체가 좋고 몸이 활짝 열리는 것이 느껴진다. 그러니 마더의 말처럼 숲의 경험은 사랑의 경험과 비슷한 것인지 모르겠다. 곰곰이 생각해보면 내가 인간 세상에서 그토록 찾던 것—끝없이 재생하는 기적적인 생명의 이야기, 어둠을 뚫고 나오는 봄의 이야기, 사소한 빛이라도 언제나 그에 반응하는 이야기—이 숲 안에 다 있다. 마이클 마더의 말마따나 뭔가 다시 시작하려는 인간이 제일 먼저 하는 일은 심호흡이다. 숨을 한 번 크게 들이마시고 마음먹은 바를 시작하기에 숲만큼 좋은 곳이 또 있을까? 마더는 이런 말을 들려준다. 모두 '자기의 힘'으로 뒤뜰로 열린 창문을 찾아라! 우리를 둘러싸고 있는 벽에서 걸어 나와라! 야채 장수 언니는 그렇게 자기 바깥으로 나간 것일까? 나는 야채 장수 언니가 컵을 들고 나무를 바라보던 그 짧은 5분이나 10분 동안, 그 시간의 길이가 얼마든 상관없이, 진정으로 그 순간을 즐겼을 것이라고 생각한다. 이것이 그녀의 일상 속

일기, 동화책, 컵

가장 중요한 현실이었을 것이다.

우리는 우울 속에서도, 슬픔 속에서도, 백 퍼센트 우울만도 슬픔만도 아닌 순간을 살 수 있다. 우리에게 기쁨을 주는 것이 아예 하나도 없다는 것은 과장이다. 우리가 느낄 수만 있다면. 왜냐하면 우리의 기쁨과 슬픔은 다른 모든 것과 함께 만들어지고 있는 중이니까. "우리가 이 세상에 태어나면서부터 알고 있는 것은 아무것도 아닌 것들이 우리들 속에서 따스해진다는 일 아닌가!"라는 말이 있다. 우리 가슴에 살아남아 있는 따스한 무언가는 각자의 가슴속 빛의 영역에 속한다. 삶이란 힘든 것이고 우리를 둘러싼 조건은 쉽게 변하지 않는다. 어둠은 쉽게 물러나는 법이 없고 매번 다시 찾아오고 우리는 자주 지치고 힘을 잃고 우울하다. 그러나 완전히 그렇지는 않다. 가끔은 기쁘고 질서가 잡혀 있다고 느낄 때도 있다.

 야채 장수 언니는 이 '완전히 그렇지는 않은' 자기만의 시간과 방법을 만들고 살아냈다. 누군가 자신의 문제를 풀려고 이토록 노력했다는 것은 그 자체로 감동적인 일이다. 야채 장수 언니는 대단한 업적을 이루지는 못했을지 몰라도 삶을 소중히 했다. 삶에 대한 사랑이 그녀를 지켰다. 우리도 그녀처럼 가볼 수밖에 없다. 우울과 혼돈 속에서 질서를 잡아가면서, 먼 빛이든 가까운 빛이든 희미한 빛이든 내면의 빛이든 한 발 한 발 따라가면서.

꽃이 폈어

꽃이 폈어

'행복은 스스로 창조적인 존재가 되는 것이다'라는 말을 살아내는 사람을 알게 되었다. 나는 이 이야기를 나의 가장 가까운 친구 엽록소에게 들었다. 엽록소와 나는 한때는 멀었으나 지금은 떨어질 수 없는 사이가 되었다. 우리 둘은 많은 일을 같이하는 중이고 종종 이런 대화를 나눈다. "이렇게 좋은 걸 왜 이제야 할까?"

이번에는 엽록소의 말을 직접 옮겨보겠다.

내 아버지는 오랜 기간 공직자였다. 아버지의 정년퇴직이 가까워지자 아빠와 엄마 두 분만의 외출이 잦아졌다. 두 분은 어디로 가서 뭘 하시는 걸까? 솔직히 아무 관심이 없었다. 당시에도 이미 다 자란 딸인 나는 내 나이답게 자아에 푹 빠져 어두운 시절을 통과하느라 바빴다. 게다가 나는 부모님이 정년퇴직 후 어떻게 살고 싶어 하는지 대략은 알고 있었다.

엄마의 평생 소원은 사시사철 꽃이 피는 집에 사는 것

이었다. 아빠의 평생 소원은 작은 농장을 갖는 것이었다. 어린 시절 아빠에 대한 기억은 늘 정원과 관련이 있다. 아빠가 마당의 나무들을 가마니로 감싸면 겨울이 왔다는 뜻이었다. 아빠가 그 가마니를 벗기고 태우면 봄이 왔다는 신호였다. 나는 부모님이 만든 정원에서 놀았고 거기서 나비, 벌, 개미, 쐐기, 지네, 지렁이, 딱정벌레 등을 보면서 자랐다. 내 기억 중 가장 자랑할 만한 것은 마당에서 쇠똥구리를 봤다는 것이다. 쇠똥구리는 이젠 거의 멸종되었다고 들었다. 하지만 어려서 쇠똥구리를 본 것이 부러움을 살 만한 일이란 것을 오랫동안 전혀 몰랐다. 다행히 지금은 안다. 물론 그것도 부러워하는 남들이 있어서 겨우 알았지만 말이다. 나는 왜 혼자 힘으로는 좋은 것이 좋은 것임을 모르는지 모르겠다. 나는 꼭 남들이 알려줘야 좋은 것이 좋은 것인지 안다. 어쩌면 이래서 타인이 필요한 것인지도 모르겠다. 좋은 것이 좋은 것임을 아는 사람들이 내 곁에 많았으면 좋겠다.

얼마 후 두 분은 마음에 드는 땅을 찾았는지 내 짐작대로 농장을 짓기 시작했다. 농장이 자리 잡은 곳은 공용 쓰레기장처럼 사용되던 시골 마을의 버려진 땅이었다. 농장을 만들 때 트럭 몇 대분의 쓰레기가 나왔다고 들었다. 쓰레기를 치우고 나니 두 개의 강에서 불어오는 강바람을 느낄 수 있는 작은 언덕이 모습을 드러냈다. 그 무렵 아빠는 친구들과 '백수회'란 이름의 모임을 조직했다.

"아빠, 모임 이름이 왜 그래?"

알고 보니 백수회는 아름다운 이름이었다. 1년에 백 그루 나무를 심는 모임이란 뜻이었다.

부모님이 새로 마련한 농장에 제일 먼저 심은 나무는 호랑가시나무였다. 그다음엔 은행나무를 심었다. 아빠는 평생에 걸쳐 두 나무에 대한 애정을 잃은 적이 없다. 운전하다가도 귀한 호랑가시나무를 보면 차를 멈추곤 했다. 엄마는 호랑가시나무의 빨간 열매는 늘 우리에게 조금 더 긴 크리스마스를 선물한다고 했다. 아빠는 아무리 무미건조한 사람도 잘 자란 은행나무를 바라보면 감탄하지 않을 수 없을 것이라고 말하곤 했다. 아버지는 은행의 노란색이 어두운 마음도 환하게 밝혀주는 착한 색이라고 생각했다.

부모님은 호랑가시나무를 현관문 바로 옆, 수돗가에 심었다. 호랑가시나무 앞에는 빨랫줄이 있었는데 언제나 흙 묻은 작업복과 흙물이 든 수건이 바람에 펄럭였다. 은행나무는 농장 입구에 심었다. 그 나무는 키가 아주 컸다. 은행을 잘 보려면 고개를 번쩍 들어야 했다. 그때마다 나뭇잎 사이로 빛이 보였다.

어느 해 두 분은 느티나무를 몇 그루 심었다. 나는 그때 처음으로 느티나무가 빨리 자라는 나무에 속한다는 것을 알게 되었다. 느티나무를 심고 몇 년 지나지 않았는데도 두 분은 그 아래 평상을 두고 밥을 먹기 시작했다. 여름날 느티나무 아래서 집에서 키운 야채로 쌈을 싸서 먹는 것이 두 분만의 럭셔리였다. 느티나무를 스치고 내려온 바람은 땀과 함께 피로와 삶의 무게도 씻겨주었다. 강과 나무의 바람은 두 분을 삶에 부드럽게 녹아들게 했다. 두 분은 기분 좋은 바람이 부는 날은 거울을 볼 필요가 없다고 했다.

"바람은 누구든지 훨씬 예쁜 얼굴로 바꿔준다니까."

대책 없이 낭만적인 면이 있던 엄마의 말이다. 엄마는 평상에 앉아서 나무, 꽃, 쏟아지는 별, 은하수, 장독대에 쌓인 눈에 대한 자작시를 적어 자식들에게 보내기도 했다. 엄마의 시를 받은 날이면 우리 형제들은 "내 시 어때?"라는 엄마의 전화를 받기 전에 득달같이 전화를 해 극찬을 하는 것을 자식 된 의무로 여겼다.

"엄마 시 최고야. 이태백이 이 비슷한 반열의 시를 썼던가?"

꽃이 폈어

"김춘수의 「꽃」보다 좋다, 좋아."

우리 엄마의 시는 쉬웠다. 나는 지금 당장 엄마의 시들을 흉내 낼 수 있다.

> 우리 집 마당은 대화할 거리가 많은 곳이다
> 오늘 나는 나뭇잎 사이로 퍼지는 빛살과도, 바람과도 이야기한다
> 바람은 나를 멀리 보게 한다
> 너희들은 대체 어디서 오니?
> 여기는 사람은 구경하기 힘든 곳
> 그러나 이런 외로움은 싫지가 않다
> 나는 바람 속의 향기를 가지고 오후 내내 논다
> 향기를 맡는다는 것, 내가 활짝 열리는 것, 모든 것을 받아들이는 것
> 아! 행복해! 행복해!

혹은 이런 시.

> 거미는 장미 위에서 신선한 실뜨기를 하고
> 나는 장미 위에서 단어 뜨기를 한다
> 오늘 나의 주제는 아름다움과 가시다

나의 단어, 이야기

> 가시는 나를 진짜로 찔렀다
> 너, 그러기야? 내일도 아프게 할 거니?
> 손가락에 맺힌 피를 빨면서도 그래도 너는 참 이
> 뻐라는 말을
> 참지 못하는 이 순간이
> 아, 행복해! 행복해!

끝 구절 "아, 행복해! 행복해!"는 거의 모든 시에 빠지지 않고 등장했다. 엄마는 미약한 우울증을 앓았는데 나이가 들수록 정도가 좀 더 심해졌다. 그런데 꽃과 놀면서 엄마는 변했다. 화려한 계절은 가고 노쇠와 죽음만 남았다고 슬퍼할 수도 있었을 엄마에게 꽃은 파격적인 생기를 불어넣으면서 엄마를 사로잡는 데 완벽하게 성공했다.

"힘들어도 꽃이 다 보상해줘. 그래서 행복해. 내가 사랑하는 것들 속에 있잖아."

'보상'. 우리 시대의 참으로 복잡한 단어다. 이 말을 엄마 입에서 들을 줄은 몰랐다. 각자 잃어버린 것이 있고 각자 힘들다고 생각하기 때문에, 각자 참고 살아내야 하는 시간들이 있었기 때문에, 누군가는 쉽게 얻는 것처럼 보이기 때문에 우리 시대는 보상에 목말라 있다. 보상을 두고 많은 다툼이 있다. 아마 보상이 꽃인 사람은 드물 것 같다. 보상이 꽃이었기 때문에 엄마에게 행복이란 단어가 따라왔을 가능성은 결코 낮지 않다.

꽃은 엄마에게 새로운 정체성을 부여했다. 하나는 가꾸는 사람이라는 정체성. 그 덕에 엄마는 눈뜨면 자신의 시간과 힘을 어디에 쓸지를 알게 되었다.

"행복은 가꾸는 것 속에 있어. 농부들에게 물어봐. 농부들은 흙이 있으면 뿌리고 가꾸고 돌봐줘. 농심農心이야."

또 하나는 단어를 가지고 노는 사람이라는 정체성. 엄마는 꽃 때문에 이미 알던 단어들을 이리저리 조합하는 즐거움에 빠져들어갔다.

　나의 목이 긴 아름다운 미인, 백합
　나의 우아한 장난꾸러기, 수선화
　나의 금보다 귀하고 희귀한 친구, 노란 목련
　모두들 땅에서 태어난 나의 기쁨
　내가 시작한 변화가 이제 나를 변화시키네

게다가 꽃은 삶 속에 거듭 반복해서 등장할 말 하나를 엄마에게 줬다.

"꽃이 폈어."

부모님이 농장을 시작한 뒤로 우리의 대화 속에 "꽃이 폈어"라는 말은 무한 반복 중이다.

"매화가 폈어."

그다음 주의 대화.

"수선화가 폈어."

그다음 주의 대화.

"산당화, 백도화, 노란 목련, 수양홍도화, 자목련, 남경화가 폈어."

그 주의 자랑거리는 노란 목련이다.

"이건 진짜 우리 집에만 있는 희귀종이야. 내가 노란 목련 꽃이 폈다고 우리 집에 놀러 오라고 하면 움메 거짓말하지 말라고들 한다니까. 목련이 하얀색이지 무슨 노란색이냐고."

그다음 주의 대화.

"철쭉, 영산홍, 아이리스, 목단, 장미가 폈어."

"목매화가 폈어."

"엄마. 목매화라는 단어는 없는데. 혹시 옥매화 아니야?"

"함박꽃이 폈어."

나는 때때로 인터넷을 뒤져서 찾은 꽃에 관한 정보들

을 전화로 읽어주곤 한다.

"엄마, 엄마가 좋아하는 붓꽃을 좋아하는 화가가 있어. 읽어줄게. '사람들이 목초지 풀을 잘라내지 않으면 습작을 다시 해보고 싶어. 풍경이 정말 아름다운데 이 장면을 어떻게 구성해야 할지 아직 잘 모르겠거든. 노란 야생화와 보라색 붓꽃으로 뒤덮인 작은 시골 마을. 꿈에서나 볼 수 있는 장면이야.' 엄마, 이 말을 한 사람은 빈센트 반 고흐야. 엄마랑 고흐랑 보는 눈이 같네. 붓꽃이 보라색만 있던가?"

"아니, 노란색도 펴."

'꽃이 폈다'도 설레지만 '꽃이 만발하다'는 특별히 아름답다. 문장 자체가 신비롭다. 엄마가 그런 말을 하면 전화기 너머, 만발한 꽃그늘 아래 엄마가 손을 흔들며 서 있는 것만 같다. 하여간 꽃은 우리의 말 습관, 우리 사이의 대화마저 바꿔버렸다. 하긴 이렇게 좋은 말을 참아야 하는 이유가 뭐가 있겠는가?

"세상엔 달콤한 이름이 참 많다. 그치?"

"이름 자체가 다 작품이야."

그러던 어느 날, 오랜만에 농장을 찾은 나는 트럭이 집 앞에 서 있는 것을 보았다. 인부들이 느티나무들을 뿌리째 뽑고 있었다. 마당에는 낡은 수건을 목에 맨 아빠가 삽을 들고 땀을 닦고 서 있었다. 나는 아빠에게 달려갔다.

"아빠 무슨 일이에요? 왜 나무들을 뽑는 거예요?"

나는 그때 아빠의 입에서 나온 대답을 평생 잊지 못할 것이다.

"곧 어린이날이니까."

"그게 나무랑 무슨 상관이에요?"

"나무들을 초등학교 운동장에 심어주려고."

"왜요?"

"애들이 축구하다가 나무 그늘 아래서 땀도 식히고 선생님한테 야단맞으면 나무 뒤에 숨어서 울기도 하고 친구랑 싸워도 나무에 기대면 좋잖아. 아무리 서러워도 어디 기댈 데가 있으면 눈물은 그치게 돼 있어."

그 말을 들을 때 아빠의 얼굴에서 나무에 기대 눈물을 참던 소년을 잠깐 본 듯한 기분이 들었다. 그리고 그 뒤로 이 이야기는 내 마음이 수시로 기대는 이야기가 되었다.

어느 날 집 앞을 지나가던 사람이 어찌어찌해서 호랑가시나무를 보았나 보다. 그는 호랑가시나무를 3백만 원에 사겠다고 부모님에게 제안했다. 부모님은 자식들의 의견을 물었다. 모두 피식 웃으면서 단칼에 거절했다.
"그건 엄마 아빠잖아요."

우리의 마음속에서 부모님은 이미 호랑가시나무로 변했다. 또 하나의 변신 이야기 같다. 오비디우스의 『변신 이야기』에는 이런 구절이 반복해서 나온다. "내가 당신에게 노래하게 해주오. 사람들이 어떻게 다른 것으로 변신했는지." 사실 죽은 자들은 늘 이야기로 변신한다. 우리 부모님은 언젠가는 꽃과 나무 이야기로 변신할 것이다. 팔순이 가까워지자 아빠는 어린 소나무 2백 그루를 심었다. 그 앞에는 실편백나무와 편백나무도 한 그루씩 심었다. 이제 아빠는 그 나무들을 그 무엇보다 애지중지 기른다. 이 소나무가 자식들을 위한 유산이란 것을 눈치채는 것은 어려운 일이 아니다. 아빠의 마음이 그렇다는 것을 알자 나는 소나무를 한 번도 본 적이 없는 사람처럼 애틋하게 바라보게 되었다.

'이 소나무가 꽤 자랄 때까지 부모님이 건강하게 살아 계실까?' 생각하면 나도 모르게 속으로 눈물이 핑 돈다. 포르투갈 작가 주제 사라마구의 할아버지 제로니무는 나이가 들어서 다시는 자신의 나무들을 볼 수 없게 되었다는 것을 깨닫자 나무 한 그루 한 그루를 있는 힘껏 안아주었다. 주제 사라마구는 자신은 할아버지가 멈춘 바로 그곳에서 다시 시작하고 싶다고 했다. 아빠의 농장에 가서 어린 소나무를 볼 때마다 주제 사라마구의 이야기가 생각난다. 나는 어리디어린 소나무들이 나의 삶과 깊이 관련되어 있다는 것을 알 수 있다. 이 나무들은 내가 미래에 무엇을 그리워할지 미리부터 알려준다. 이 나무들은 내게 나는 그저 나 혼자만의 생명이 아니라고 알려준다. 소나무를 스친 바람이 내 얼굴을 스친다. 내 얼굴을 쓰다듬는 것은 바람인가, 부모님의 손길인가.

어쨌든 나는 꽃과 나무들 덕분에 나 아닌 것과 연결되어 있다고 느낀다. 아침에 눈을 뜨는 나의 의무 사항 중 하나는 하루의 슬픔을 감당할 기쁨을 찾는 것이다. 그 의무 사항에 '어린 소나무를 생각할 것'도 언제부터인가 포함되기 시작했다. 이 생각만으로도 몇 달치의 삭막함이나 차가움은 견딜 수 있다. 그래도 도시의 삭막함이 견딜 수 없어지면 어린 소나무 언덕에 가면 된다. 세월이 흘러 잘 자란 소나무를 상상하는 것만으로도 큰 기쁨을 준다. 그러나 부모님의 유산은 소나무만이 아니다.

우리 부모님은 어느 순간 자신의 삶만을 생각하기를 멈추었다. 부모님의 마음은 뒤에 올 사람들을 향했다. 나무들이 마치 빛 쪽으로 잎을 열듯이, 자식들과 어린아이들이라는 빛 쪽으로 자신들을 열었다. 어떻게 그렇게 할 수 있었을까? 내가 현관의 호랑가시나무나 대문 옆 은행나무, 언덕 위 소나무에게 물어봐도 나무들은 시치미를 뗄 것이다. 분명한 것은 그 일이 두 분을 강하게 만들었다는 것이다.

인간이 가진 힘 중 수치로 가장 측정하기 힘든 것 중 하나가 회복력이라고 들었다. 측정하기는 힘들지만 상처받았던 사람들의 회복력이 눈에 띄게 강해지는 순간이 있다고 한다. 대체 그때가 언제일까? 갑자기 다른 사람 혹은 다음 세대, 혹은 다른 생명을 생각할 때, 그때 인간은 놀랍게 회복된다고 한다. 그 말이 사실이라면 회복력은 다른 생명도 구하고 자기도 구하는 엄청나게 귀한 힘이다. 엄마에게 잘 맞아떨어지는 설명인 것 같다. 그리고 아빠에 대해서라면 이렇게 생각해볼 수 있다. 아빠는 시간이 주는 선물이란 게 있다고 생각했다. 꼭 필요하지 않은 것을 포기하는 것. 생명의 유한함을 진지하게 받아들인 사람들은 서로를 그리고 남은 사람들을 돌보기 시작한다. 이것이 가장 근본적인 인간의 품위다. 나는 이런 품위에 대한 믿음을 부모님 덕분에 쭉 유지할 수 있을 것 같다.

엄마에게 행복은 우울 속에서 새로운 가능성을 찾으면서 시작되었다. 엄마는 자기 손으로 뭔가를 시작했다는 것 자체를 기뻐했고, 고통스럽게 반복되는 자아가 아니라 미지의 자아가 더 행복할 수 있음을 나에게 분명히 알게 해주었다. 엄마에게 그 미지의 자아는 "꽃이 폈어"라는 말로 나타났다. 행복은 어떻게 정의하든 행복한 이야기가 많다는 뜻이다. 활짝 핀 꽃에 관한 이야기라면 우리 정원에 넘친다. 나 역시 엄마의 "꽃이 폈어"에 해당하는 나만의 말을 찾고 싶다. 나는 내가 그런 말을 찾을 것이라는 것을 안다. 꽃이 필 때 행복해하는 그런 행복을 나는 사랑하게 된 것이다. 그리고 어느 날 "행복해"라고 말할 때, 나는 가장 나다워질 것이다. 내가 가장 기쁨을 느끼는 일을 하고 있을 테니까.

오늘도 어린 소나무의 가지들은 뻗어나가고 있을 것이다. 빛을 찾아서. 현재의 나는 어린 소나무보다도 꿈이 훨씬 작다. 그러나 조금씩 매일 자라나는 어린 소나무를 잊지 않고 있다. 가지 하나하나가 다 자기만의 투쟁과 가능성을 이야기한다. 오늘 나는 빛을 향해 손을 쭉 뻗어본다.

바로 여기서 이야기를 아름답게 끝낼 수 있다면 얼마나 좋겠는가? 그러나 부모님이 현실의 중요한 부분을 간과한 것은 아닌지 가슴 철렁한 일이 얼마 전에 벌어졌다.

꽃이 폈어

부모님이 소나무 때문에 대판 싸웠다는 소식을 들었다. 계기는 소나무 한 그루가 죽어버린 일에서 시작되었다. 소나무 사망의 정확한 이유는 알 수 없지만 그즈음 엄마의 마음에 드리워진 그늘은 농장에 전에 없던 벌레가 자꾸만 보이기 시작한다는 것이었다.

"이거 아열대 벌레 아니야?"

엄마는 기후위기를 걱정하기 시작했다.

"엄마, 죽은 소나무는 한 그루뿐인데 뭘 그래."

"야야, 40년 뒤에 소나무가 없어질지도 모른대."

"왜?"

"아열대기후가 되면 침엽수는 살기가 힘들대잖아. 너희 아빠랑 못 살겠어. 소나무 살 때 나랑 의논도 안 했잖아."

이제 부모님은 서로 책임 공방 중이다. 누가 먼저 소나무를 심자고 했는지.

"소나무가 아니라 망고나무를 심었어야 했다니까."

아, 이 부부 싸움을 어떻게 해야 할까? 이야기꾼의 조언을 따를 수밖에 없다. 이야기꾼의 조언은 하나다. 이야기가 이어지게 하라! 어린 소나무의 이야기가 이어지게 하라!

달, B95

달, B95

무엇이 우리를 도울지 알 수 없으므로 삶은 신비로운 것이다. 우리에게 이 신비를 선물하는 것 중 빼놓을 수 없는 것이 달과 별이다. 달과 별은 꿈꾸는 사람들에게는 오랫동안 길잡이 단어였다. 달과 별은 낮에는 잘 감춰놓을 수 있었지만 밤에는 새어 나오기 마련인 슬픔을 간직한 사람들에게 특별한 사랑을 받아왔고 그럴 때 달은 '위안' 항목에 속하는 단어다(나에게 달은 별이 그런 것처럼 현실에 존재하는 아련한 행복에 속한다. "오늘 달 정말 이쁘다!", 그 한마디 말에 얼마나 많은 기억과 감정이 담겨 있는지 모르겠다). '달' 하면 생각나는 이야기가 몇 가지 있지만 그중에 잊지 못할 두 가지 이야기를 들려주고 싶다.

2009년 새해 나는 태안반도의 바닷가에서 떨고 있었다. 2007년 태안반도를 절망에 빠트린 기름 유출 사고가 발생했다. 그 후 1년 동안 주민들은 생업을 포기하고 매일 아침 배를 타고 먼바다까지 기름을 걷으러 다녔다. 그렇게 1년을 보내고 새해가 된 후에야 어리굴젓으로 유명한 간월도 어촌계 아낙들은 다시 갯벌에 굴을 채취하러 들어갈 수 있었다.

아주 오랜 세월 어촌계 아낙들의 행복은 그날의 바람에 달려 있었다. 매서운 바람이 부는 날은 고달팠고 순한 바람이 부는 날은 살맛이 났다. 아낙들은 너 나 할 것 없이 수많은 바람의 이름을 알고 있었다. 그들은 "손 시려워 발 시려워 못 살겠다, 갯벌 일이 웬수로구나"라는 노래를 부르며 굴을 캤다. 그들의 몸은 세상의 다른 육체노동자들처럼 그들이 하는 노동과 특수 관계를 맺고 있다. 그들의 무릎이나 팔꿈치는 시커멓게 멍이 들었다. 그건 어디 부딪혀서 생긴 타박상이 아니었다. 굴을 캐는 동작을 오래 하다 보면 무릎이나 팔꿈치가 신기하게 그렇게 돼버린다.

나는 열여섯 살부터 40년 굴을 캔 아낙에게 굴에 대해 물었다. 그랬더니 그는 자신은 굴을 잘 모르니 진짜 고수에게 물어보라고 했다.

"아니, 40년 굴을 캔 사람이 고수가 아니라면 대체 누가 고수란 말이에요?"

아낙들은 일제히 턱으로 저기 저 사람들이 고수다 하

고 한 방향을 가리켰다. 나는 그곳을 바라봤다. 반짝반짝 빛나는 먼바다를 배경으로 한 무리의 학이 모여 있었다. 그러나 내가 본 것은 학이 아니었다. 학처럼 허리를 구부리고 굴을 캐는 한 무리의 아낙이었다.

나는 누가 고수고 누가 아닌지 어떻게 구별할 수 있느냐고 물었다. 대답은 간단했다. 쪼그리고 앉아서 굴을 캐는 사람은 고수가 아니고 학처럼 허리만 구부리고 굴을 캐는 사람이 고수란 것이었다.

"쪼그리고 앉아 굴을 캐다 보면 체중 때문에 몸이 자꾸 갯벌에 푹푹 빠지지만 학처럼 허리만 구부리고 일을 하면 체중을 덜 싣게 되니, 더 바다 가까이서, 더 잘 움직이면서 굴을 많이 캘 수 있응게."

그들은 발가락에 바닷물을 느끼면서 일했다. 그들은 그렇게 40년을 살면서 꺼질 것 같은 바닥에서 힘겹게 균형을 유지하는 방법, 힘겹게 몸을 일으키는 방법, 시간에 몸을 맡기는 방법을 배워갔다.

해가 지고 바닷물이 들어오자 하루 종일 바람과 굴과 씨름한 아낙들은 잘 펴지지 않는 다리로 어기적어기적 걸어서 집으로 돌아갔다(멋모르는 사람들이 우스꽝스럽다고 하는 바로 그 걸음걸이로). 집에는 어김없이 굴을 담는 소쿠리와 양동이, 진흙이 묻은 신발과 조새가 있었다(조새는 굴을 캐는 도구다). 한 남자는 아내를 위해 자신이 직접 조새를 만들었다.

> 내가 공부를 많이 못해서, 중졸이거든요. 회사에서 일하는데 동료들에게 미안했어요. 영어도 컴퓨터도 안 되니까. 그게 그렇게 쪽팔리고 지치고, 한편으론 미안하더라고요. 그렇다고 누구한테 터놓고 말하기도 뭐하고. 우리 엄니는 갯벌에 일하러 갈 때도 나를 업고 갔어요. 엄니는 너무 추우니까 거적 같은 걸 쓰고 일했어요. 그러다가 내가 울면 젖 먹이고 그랬어요. 나는 늘 머리카락에 흙이 묻어 있었어요. 다섯 살부터는 엄니 굴 캐고 오면 나는 그거 받으러 가곤 했고. 엄니 따라 걸어가면 달그락달그락 소리가 들리는데 우리 엄니 뼈 달그락거리는 소리가 들리는 것 같았어요.

도시에 있을 때, 우리 어머니가 이렇게 살라고 나를 낳고 기른 것은 아니라고 생각하면 그에게 수치심 같은 게 밀려왔다. 그런 날 얼굴이 벌게졌다.

갓난아기가 젖 달라고 울 때는 분명히 뭔가를 원했겠죠. 먹을 걸 원했겠죠. 그런데 어른이 돼서도 먹는 것 말고는 뭘 원하는지도 모른다고 생각하니 더 수치스러웠죠.

그래서 그는 고향으로 왔다.

좋지요. 고향에 오니 좋지요. 특히 새벽에 배 타고 나가서 해 뜨는 것 볼 때 나도 모르게 가슴이 뜨거워져요. 괜히 뭉클하고 속에서도 뭔가 꿈틀해요. 해랑 나랑 사람 대 사람으로 마주 선 것 같죠. 나는 좋은데 집사람에게 미안해요. 섬에서 여자들 생활이란 게 얼마나 힘들지 알고 있거든요.

지친 아내는 밤 9시 뉴스가 시작하기도 전에 낮에 입던 옷 그대로 쓰러져 잠이 들었다.
 "그 모습을 보면 속이 짠하죠."
 그사이 아내의 몸은 갯벌의 색을 많이 닮아갔다. 그가 아내에게 절대 하지 않는 말 중 하나는 "그새 참 많이 늙었네"였다.

집사람은 내륙 사람이니까 바다 일을 처음 해보는 거고 남들보다 잘 못해요. 자는 거 보면 여기저기 살이 멍든 게 보여요. 연고나 발라주죠.

이런 순간, 인간의 삶은 왁자지껄한 소음과는 거리가 멀고 다정하고 부드럽다. 그런데 잠든 아내를 지켜보는 것이 남편 말고 또 있었다. 창문 너머 환한 보름달 또한 그녀를 지켜보고 있었다. '아주 지쳐서 자는구나!'

달이 그들을 지켜보기 전에 그들이 먼저 달을 찬양했다. 간월도看月島란 이름은 섬에 달이 뜨는 모습이 너무나 아름답다고 해서 붙여진 이름이었다. 그들이 일을 마치고 굴을 바구니에 담아 돌아갈 때 소나무 가지 끝에는 학이 앉아 있고 그 위로 차가운 달이 떠오르곤 했다. 하루 종일 정직한 노동을 한 사람들의 등판 위로 보름달은 찬 바다에서 갓 나온 싱싱한 굴을 닮은 젖빛을 뿌려대곤 했다. 지상에서의 삶이 고달플수록 그들은 달을 사랑했다. 떠오르는 달과 함께 나는 새는 그들을 몽상에 젖게 했다. "날아다니니까 좋지? 자유롭잖아."

그들은 해안선 너머 멀리까지는 가보지 못했다. 이제는 여자들도 먼 길을 간다는 것을 알고는 있다. 그렇다해도 그들이 그러지 못했다는 사실은 변함이 없다. 그러나 날아서 어디로든 갈 수 있다 한들 어디를 선택할 수 있겠는가? 그들의 첫째가는 행복은 이곳에 있는데.

"행복해요?"

"행복하지."

"왜요?"

"할 일이 있으니까."

"일이 그렇게 좋아요?"

"일 없으면 뭐 하는데?"

나는 간월도의 달이 정말 그렇게 예쁘냐고 물었다.

> 내가 내 몸을 놀려서 일한 만큼, 딱 그만큼 벌었으니 달이 기가 막히게 이뻐 보여. 세상 아무 데도 안 가고 싶어. 세상 아무 데도 안 부러워. 절경이라는 중국 명산에도 가봤는데 여기가 더 이뻐. 우리 달이 더 이뻐.

그들에게 여행은 집으로 돌아갈 핑계를 찾기 위해 한번 나가보는 것이었다. 그들은 집으로 돌아오면 어김없이 이렇게 말하곤 했다.

"뭐 때문에 멀리 나간대?"

나의 단어, 이야기

 그들이 첫손으로 꼽은 이쁜 달은 찰랑찰랑 밤 파도 소리와 어우러지는 보름달이었다. 그렇다면 달도 밤 파도 소리에 대답할까? 그토록 많은 사람이 달에게 고백을 했는데 달이 목소리가 없을 리 없다.

> 달의 목소리는 사람의 목소리와 늑대의 목소리 중간이야. 늑대인간 몰라? 늑대인간이 그걸 알아들으껴.

그들은 객지 나간 자식 이야기도 하고 각자 알고 지낸 사람들 이야기도 하지만 우리 모두의 것인 달, 바람, 추위, 밀물과 썰물에 대해서도 이야기를 했다. 그들은 자연은 인간이 어찌 해볼 수가 없는 것이라고 생각했다. 그것을 아는 것이 겸손이라고 생각했다. 모든 것을 알 수 있다고 생각하느니 바람의 이름 몇 개만이라도 아는 것이 낫다. 인생에 아무 일 없기를 바라느니 눈물도 바닷물처럼 짜다는 것을 아는 것이 낫다. 삶의 고됨은 밀물과 썰물이 그런 것처럼 자연법칙이다. 다른 삶은 없다. 힘든 시간과 겨우 살 만한 시간의 왕복운동에 따라 삶을 만들 수 있을 뿐이다. 모든 것을 지켜보는 달 아래서.
 그들은 달이 몇 번 이울고 차오르는 동안 훌쩍 나이를

먹었다. 그들에겐 흙에서 태어나 흙으로 돌아간다는 말이 낯설지 않다. 세상 모든 것은 시간이 흘렀음을 말해준다. 굴 담는 소쿠리도 늙어간다. 겨울옷도 늙어간다. 장화도 늙어간다. 대야도 늙어간다. 조새도 늙어간다. 장갑은 더 빨리 늙는다. 모래알은 늙은 바위다. 흙은 전에는 사람이었다. 세상 모든 것이 모두 흙에 물들고 흙빛을 닮아간다. 해 지고 달 뜨는 것을 지켜보던 의자도 다리는 반쯤 흙이 되었다. 그 의자에 앉아 해 지고 달 뜨는 것을 지켜보다가 잠시 넋을 잃던 것처럼, 스르르 소멸 속으로 들어가면 좋을 것이다. 그래도 아직은 사는 것이 좋다. 자신의 손과 몸을 놀려 일을 하는 것이 좋으니까. 늘 변함없이 곁에 있지만 그러나 매일 밤 조금씩 변하면서 새 생하고 부활하는 '달'을 볼 수 있는 이곳에서.

그런데 이 이야기가 혹시 낡아 보이지 않는가? 혹시 아득한 지난 세기의 일같이 들리지 않는가? 이것이 내가 이 이야기를 자주 생각하는 이유다. 이 이야기에는 달을 보는 사람들이 있다. 최고의 행복은 몸을 놀려 일하고 자기 손으로 뭔가를 생산하는 것이라고 믿는 사람들이 있다. 인간의 삶은 자연의 시간과 다를 수 없다고 생각하는 사람들이 있다. 그러나 이제 이런 사람들은 소수다. 거의 사라졌다. 이들의 자리를 차지한 사람들은 자신 외에는 거의 아무것도 보지 않는 사람들이다. 최고의 행복은 몸을 놀리지 않고 최대한 이득을 얻는 것인 양 사는 사람들과 스마트폰에 고개를 박고 있는 고독한 투자자들이다. 이득을 위해서라면 얼마든지 자연을 파괴하고 바다를 오염시키고 물고기를 싹쓸이하는 인간의 탐욕이 가득한 세상에서 물고기들이 무척 사랑한 달은 피눈물을 삼키며 떠오른다(그러나 달도 없이 어두운 밤길을 걸을 수 있을까?) 우리의 이런 삶의 치명적인 부작용을 가리키는 단어가 있다. '자기 파괴'다. 우리가 파괴하고 있는 것은 우리가 살고 이야기하고 사랑을 나누고 우리 아이들이 뛰어놀아야 할 공간이다. 그런데 노동하는 인간이 달과 함께 지구에서 축출되기 전에, 더 먼저 쫓겨난 것이 있었다.

2008년 8월의 아침, 프랑스의 젊은 생물학자 세드릭 주이에는 캐나다 밍건Mingan 군도에서 붉은가슴도요새를 관찰해서 기록하고 있었다. 밍건 군도는 먹을 것이 많아 철새들이 아주 좋아하는 곳이고 바다표범이나 돌고래 같은 다른 야생 동식물도 많이 볼 수 있는 곳이다. 생물학자들은 새를 포획해 다리에 밴드를 묶어 새들의 이동 경로를 알아내려고 애쓰고 있었다.

그날 아침 세드릭 주이에의 망원경에 들어온 새들 중에는 이미 다리에 밴드를 찬 새들도 있었다. 라임색 밴드는 미국에서 포획된 적이 있다는 뜻이고, 푸른색은 브라질, 빨간색은 칠레, 노란색은 캐나다에서 포획된 적이 있다는 뜻이다. 그러다가 주이에는 이상한 새를 보았다. 왼쪽 다리에는 아르헨티나의 오렌지색 밴드를 차고, 오른쪽 다리에는 검은색 밴드를 찬 새를 목격한 것이다. 검은색? 이게 어느 나라를 뜻하는 거지? 몇 시간 뒤 주이에는 연구자들과 데이터를 정리하다가 딱히 누구에게라고 할 것도 없이 물었다.

"오늘 검은색 밴드를 찬 새를 봤어요. 그게 뭐죠?"

그러자 캐나다 조류학자 이브 오브리가 의자에서 벌떡 일어나 주이에에게 물었다.

"B95라고 적혀 있던가요?"

주이에는 기록한 수첩을 넘겨봤다.

"네, 검은색 밴드, B95. 어떻게 아셨어요?"

오브리는 사진 한 장을 보여주었다. 놀랍도록 나이가 많고 놀랍도록 성공적으로 살아가고 있는 아르헨티나의 영웅 새, 슈퍼 버드인 '문버드'. 그는 누구인가?

B95는 캐나다 북극권에서 태어났다. 아마도 1990년대 초일 것이다. B95는 아마도 네 마리 형제자매 중 하

나로 태어났을 것이다. 붉은가슴도요새가 평균 한배에 네 마리를 낳기 때문이다. B95가 아직 아가였을 때 처음에는 엄마가, 나중에는 아빠가 돌봐줬을 것이다. 아빠의 중요한 역할은 아직 날지 못하는 아가들을 포식자로부터 지켜주는 것이다. 포식자가 나타나면 아빠는 아가에게 날카로운 경고음을 보내고 하늘로 날아오른다. 그러면 포식자는 아가는 내버려두고 아빠를 쫓아간다. 그렇게 B95를 지켜주던 아빠도 바람이 스산해지자 동료 아빠 철새들과 함께 머나먼 하늘로 날아갔다. 태어난 지 한 달도 채 안 된 아가 새들은 어른의 보호 없이 자기들끼리 살아남아야 한다. 그러다가 새끼들도 날고 싶은 충동을 느낀다. 그 충동을 느끼면 어린아이 시절은 끝이 난다. "날자, 날자!"

충동에 따라 날아오르긴 했는데 아가 새들은 어디로 간단 말인가? 날다가 쉴 곳은 어디에 있는가? 설사 어딘가 도착한다고 한들 모든 것이 처음인 낯선 동네에서 어떻게 먹을 것을 찾을 수 있을까? 목적지에 도착한 새들은 날갯짓을 하도 많이 해서 깃털이 너덜너덜하다. 새들은 1분에 대체 몇 번 날갯짓을 하는 것일까? 몇 시간을 쉬지 않고 나는 것일까? 게다가 새들은 나는 내내 계속 지저귄다. 그건 또 왜 그런가?

B95는 1995년에 처음 포획되었다. B95가 포획되던 날 새들이 850마리나 잡혀서 색깔 밴드가 동이 났다. 할 수 없이 과학자들은 손가락을 그을려가며 검은 플라스틱 띠를 버너 불에 녹여 부드럽게 만든 다음 새의 다리에 채웠다. 그때 B95의 나이는 대략 세 살이었던 것으로 추정된다. 2007년 B95는 또 포획되었다. 그 새를 엄지와 검지 사이에 잡고 과학자는 "맙소사!"라고 외쳤다. 12년 전에 만났던 새였다. 그렇다면 그사이에 새는 북극에서 남극까지 서른 번을 왔다 갔다 했다는 말이다. 대체 B95는 어떻게 해마다 폭풍우를 통과하고 매의 공격을 피하고 먹을 것을 찾으면서 무사히 살아남았을까? 그날 검은 밴드를 찬 수백 마리 중 수년간 생존이 확인된 것은 B95 하나뿐이었다. 이제 B95는 그냥 오래 사는 새가 아니라 생존자였다. 왜냐하면 그가 속한 새의 무리가 멸종 단계로 들어섰기 때문이다. B95가 나타날 때마다 과학자들은 울먹였다.

"살아 있어요. 살아 있어요."

2010년, 여름이 꽤 지났는데도 B95가 나타나지 않았다. 과학자들은 입 밖으로 말하진 않았지만 마음으로는 같은 생각을 했다. 그가 최후를 맞은 것일까? 그해 8월 말 혼자 작업하던 이브 오브리는 외진 섬의 개펄에서 먹이를 먹고 있는 여덟 마리의 성체를 봤다. 새가 움직이지 않자 그는 접안렌즈를 새에게 맞췄다. 몇 시간 뒤 전 세계로 소식이 전달되었다.

"B95가 살아 있습니다."

그날 새를 발견한 이브 오브리는 이렇게 말했다.

> 생각해보세요……. 번식지에서 월동지까지 14,000킬로미터를 1년에 두 번씩 날다니요. 이해를 뛰어넘는 일이지요. 연속 18년 아니면 20년? 그런 일을 어떻게 설명하겠습니까? 아마 불가능할 겁니다. 설명은 없을지도 모릅니다. 우리는 지구의 동물 중에서 그토록 강인한 존재가 있다는 사실을 아는 것만으로 충분할지 모릅니다. 무슨 말을 덧붙이겠습니까? ……B95는 엄청납니다!*

B95도 대단하지만 B95가 어디를 어떻게 돌아다닐지 정확한 이동 경로도 알지 못하는데 발견해내는 과학자들도 대단하다. 그런데 이제는 이동 경로를 알아낼 수 있는 방법이 생겼다. 지오로케이터라는 이름의 초경량 소형 기록장치를 개발했기 때문이다. 시계, 마이크로프로

---

* 필립 후즈, 『문버드』(김명남 옮김, 돌베개, 2015), 129면.

세서, 메모리칩, 전지로 이루어진 이 장치의 무게는 종이클립 정도다. 몸무게 113그램인 붉은가슴도요새가 무게를 느끼지 못할 정도로 가볍다.

이 장치는 새가 어디에 있든 매일 두 차례 새 주변의 빛의 세기를 읽는다. 낮의 길이를 알면 새가 있는 위도를 알 수 있다. 지오로케이터가 기록하는 또 다른 데이터는 태양이 하늘 가장 높은 곳에 있을 때의 시각이다. 이것은 새의 경도를 알려준다. 이 두 데이터로 새가 지구의 어디에 있는지 짚어볼 수 있고 그렇게 되면 새가 어느 길을 하루 중 어느 때 날았는지 여정을 밝힐 수 있다.

2009년에 지오로케이터를 단 새 중 몇 마리가 2010년에 재포획되었다. 과학자들은 데이터를 분석하고 깜짝 놀랐다. 새가 쉬지 않고 날 수 있는 거리가 생각했던 것보다 어마어마했다. 새는 쉬지 않고 8천 킬로미터를 날았고 8일을 하늘에 떠 있을 수 있었다. 그렇게 여행한 거리는 1년간 26,700킬로미터였다. 이 데이터가 B95에 대해서 알려주는 것은 무엇인가? 과학자들은 직선으로 날았다는 가정하에 B95가 날아간 총거리를 계산했을 때 지구에서 달까지 갔다가 반쯤 돌아올 만큼 먼 거리를 비행했다고 해서 '문버드'라는 별명을 붙여줬다. 그러나 철새는 직선으로 이동하는 경우가 오히려 드물다는 것을 데이터는 말해주고 있었다. 문버드는 말 그대로 달까지 갔다가 다시 지구로 돌아올 수 있을 만큼 날았던 것인가? 113그램짜리 작은 새가 어떻게 난기류를 뚫고 그 먼 길을 날았단 말인가? 새의 날개힘살은 날기 시작한 지 사흘이 지나면 끊어질 지경이 된다. 새는 그래도 난다. 아마존을 통과해 안데스산맥을 넘어 파타고니아 해안을 따라 마침내 목적지라고 기억해둔 곳이 저 아래 발밑에 보일 때까지 난다. 그곳에 도착했을 때 과연 그곳은 기억 속의 그곳과 같을까? 인간에 의해 파괴돼 먹을 것이 씨가 말라 있지 않을까? 많은 새들이 그렇게 죽어갔다.

  2011년 과학자들은 B95의 흔적을 찾을 수 없었다. 살아 있다면 스무 살이 되었을 것이다. 스무 살이라니. 얼마나 대단하고 강인한 일생인가. 그러나 영원한 생명은 없다고 과학자들은 스스로를 위로했다. 그런데 갑자기 B95가 다시 눈앞에 나타났다. 1995년 처음 밴드를 달았던 곳에서 겨우 5킬로미터 떨어진 곳에. 이것은 고무적인 뉴스였다. 아직 지구상 어딘가에 철새가 먹고 쉴 만한 중간 정거장이 남아 있다는 말이다. 그렇지만 어두운 질문이 남는다. B95의 후손도 그처럼 엄청난 강인함으로 인류에게 희망이 되어줄 수 있을까? 해안선에 붉

달, B95

은가슴도요새가 한 마리도 남지 않는 날이 곧 오지 않을까?

붉은가슴도요새 같은 섭금류는 새들 중에서도 멸종 위기에 가장 가까이 다가가 있다. 새들이 즐겨 찾는 중간 정거장이 쓰레기로 더렵혀지고 독성 물질에 오염되고 자동차가 달리는 곳으로 변했기 때문이다. 이것은 아주 진지한 문제다.*

나는 우리 인류가 곁에 있던 것이 사라져 두 번 다시 볼 수 없는 존재로 변해버리는 것을 슬퍼하는 능력을 잃지 않았기를 바란다. 우리 인류가 아무런 감동이 없는 세계에서 사는 것을 선택하지 않기를 바란다. 우리 인류가 어떤 일이 나쁘다는 것을 알면 그만둘 수 있는 힘을 가지고 있기를 바란다. 그리고 상상력 없이는 하루도 못 사는 우리 인류가 새들의 비행을 상상할 수 있기를 바란다. 우리 인간의 심장은 3백 그램이다. 새의 무게는 113그램이다. 우리는 그 작은 새의 용기에서 배울 것이 많

---

* 나는 이 이야기를 들으면서 달의 여신을 상상했다. 달의 여신이 있어 인간 중 가장 강인한 인간 H95를 보고 백 년도 채 살지 못하는 인간이 지성과 용기로 이룬 일에 너무 감탄한 나머지 그 소식을 온 우주로 널리 알린다. 은하계에 사는 각종 신들은 울먹이면서 감탄한다. 그러나 곧 이렇게 한탄할지 모른다. "곧 지구에 인류가 한 명도 남지 않는 날이 오지 않을까?" 지구가 아프다면 인간이 아프게 한 것이다. 붉은가슴도요새가 멸종된다면 인간이 그렇게 한 것이다.

다. 난기류와 폭풍우와 번개 속을 나는 새의 용기를 배울 수만 있다면 우리의 용기도 달라질 것이다.

나는 B95의 비행을 생각하면 경이로움을 느끼고 달처럼 온 마음이 환해지지만, 이 경이로운 생명체가 처한 위기 때문에 눈물을 흘리지 않을 수 없다. 나는 내가 경의를 표하고 싶은 세계가 지난 세기의 일로 흔적도 없이 사라지는 것을 원하지 않는다. 지속적으로 힘을 내려면 어쩔 수 없이 미래를 믿어야 하고 희망을 가져야 하므로 나는 이 글에 나오는 과학자들처럼 울먹일 줄 아는 사람에게 내 마음을 걸고 싶다. 그리고 아직도 달을 보는 사람들에게, 아직도 노동은 신성한 것이라고 생각하는 사람들에게 내 마음을 걸고 싶다.*

---

* 문버드에 관한 내용은 국제자연보호협회 활동가이자 훌륭한 논픽션 작가 필립 후즈의 『문버드』(김명남 옮김, 돌베개, 2015)를 참고했다.

유리창

유리창

2001년 9월 11일, 뉴욕 시민들은 눈부시게 아름다운 가을 하늘에 속았다. 하늘은 그날 나쁜 일은 절대 일어나지 않을 것이라고 말하고 있었다. 다만, 아침 일찍 거리 보수 작업을 하던 사람들은 비행기 한 대가 전속력으로 날아가는 것을 보았다.

내게 9·11 테러로 무너진 뉴욕 세계무역센터 자리에 세워진 9·11 메모리얼 파크에 가보라고 말해준 사람은 최경덕 씨였다. 그는 세월호에서 아들 성호를 잃었다. 세월호가 침몰하던 해 봄, 최경덕 씨는 말레이시아에서 근무하고 있었다. 성호는 세월호 사건 한 해 전 순천에서 안산으로 전학을 왔다. 안산에 친구가 있던 성호가 원하던 바였다.

성호가 좋아하는 것은 빗소리와 벚꽃이었다. 성호는 빗소리를 좋아해서 비 내리는 날이면 창문을 열어놓고 잘 정도였다. 나중에 성호 엄마는 성호가 그리우면 창문을 열고 잤다. 그해 4월 초 성호는 "엄마, 우리 집 앞에 핀 벚꽃은 저녁 8시쯤에 보면 제일 예쁘다"고 말했다. 그 기억이 성호 엄마에게 우리 성호는 벚꽃을 좋아한다고 말하게 만들었다.

성호 아빠는 2013년에 처음 성호의 여권을 만들었다. 2014년 4월 10일이 되자 성호 아빠는 성호의 말레이시아행 비행기표를 예약했다. 티켓을 예매하면서 여름방학을 맞은 아들에게 보여주고 싶은 곳 몇 군데를 생각해두었다. 4월 16일, 서울 본사에서 뉴스를 봐야 할 것 같다는 전화가 왔다. 세월호 침몰 뉴스를 본 그는 집으로 전화를 했다. 성호 엄마는 거의 말을 잇지 못했다. "빨리 갈게. 성호 옆으로 가 있어." 그는 약속을 지키려고 했다.

쿠알라룸푸르발 인천행 비행기 출발 시간은 밤 11시였지만 그는 5시 반에 공항에 갔다. "빨리 가야 될 것 같아서. 공항에 가면 좀 더 빨리 가는 기분이 들어서"라고 그는 말했다. 말레이시아에서 인천까지 비행 시간은 여섯 시간 정도 걸렸다. 그는 비행기 안에서 쉬지 않고 울었다. 인천공항에서 광명역으로, 광명역에서 목포역으로, 목포역에서 팽목항까지도 울면서 갔다. 팽목항에 도착하자 그는 바닷물에 손을 담가봤다. 4월 19일이 되자 그는 또 바닷물에 손을 넣어보았다. 너무 차가웠다.

유리창

"4월 19일 날 아침에 제 마음으로는 성호가 죽었겠다라는 생각을 했어요."

그는 자신이 나쁜 아빠임에 틀림없다고 생각하게 되었다.

"19일 날 아침, 물에 손을 넣어보고 나서는 제 마음속에서는 포기했으니까요. 여기서는 어떤 건강한 사람도 살 수 없겠다고 생각했으니까요."

아빠가 아들을 포기할 수도 있을까? 이성적으로는 그래야만 해도? 아주 오랜 시간 세월호 부모들을 괴롭힐 문제였다.

20일이 되자 성호가 올라왔다. 그때 그는 열여덟 살이 된 아들의 얼굴을 처음 봤다. 4월 28일 장례식을 마치고 집에 돌아와 성호의 컴퓨터로 로그인되어 있던 아들의 트위터를 봤다. 마지막 트윗은 4월 16일 오전 10시 1분.

"살려달라고요."

성호가 엄마한테 보낸 마지막 문자는 그보다 조금 늦은 10시 6분이었다.

"문자를 보냈거든요. 살아서 갈 테니까 걱정하지 말라고. 엄마한테는."

책을 좋아하던, 소설가가 꿈이었던 아이의 생애 마지

막 문장은 "살아서 갈 테니까 걱정하지 마"였다. 성호 아빠는 7월 25일이 되자 성호를 위해 미리 구입해둔 비행기 예매권을 들고 인천공항에 갔다.

성호를 위해서 7월 25일에 말레이시아에 들어왔다가 31일에 한국으로 들어가는 표를 끊었거든요. 비행기 타는 날에 공항 가서 발권을 받아야 하잖아요. 그래서 7월 25일 날 공항 가서 사정했어요. 우리 아이에게 한 번도 해외여행을 시켜준 적 없고, 결국 못해줘서 그 티켓을 꼭 애한테 줘야 한다, 난 티켓만 있으면 된다, 항공사 직원에게 사정했어요. 비행기가 떠난 후에 티켓을 주겠다고 그러더라고요. 결국 비행기가 출발하고 나서 티켓을 받았어요.
티켓을 받고 출입국사무소에 가서 여권에 출국 도장 하나만 찍어달라고 했어요. 왜 찍어달라고 그러느냐 안 된다고 하더라고요. 그래서 전후 사정을 다 설명했죠. 내가 애한테 주려고 그런다, 출국 도장 한 번 찍어달라, 여권이 너무 깨끗하지 않느냐, 사정사정하니까 출국 도장을 찍어줬어요. 우리 아들 여권에는 영원히 2014년 7월 25일 자 출

> 국 도장이 찍혀 있어요. 우리 아들은 긴 여행을 가
> 서 아직 돌아오지 않은 것이다, 이런 기분이 들기
> 도 하고.

아빠는 말레이시아행 비행기표를 납골당에 넣어주었다. 얼마 뒤 그는 성호의 여권을 가슴에 품고 뉴욕의 9·11 메모리얼 파크에 갔다. 그곳을 찾아간 이유는 슬픈 추모 공간에 수없이 많은 사람들이 찾아든다는 말을 들어서였다. 그곳에 갔더니 정말 전 세계 사람들이 아주 많았다. 성호 아빠는 세월호 아이들도 외롭지 않았으면 좋겠다고 생각했다.

> 추모 공간에 아이들이 모여 있으면 같이 재밌게
> 놀면서 분명히 덜 외로울 것이고…… 어쩌면 죽은
> 아이들이 덜 외로운 게 아니라 그곳에 간 우리들
> 이 그런 생각을 하면서 덜 외로워지는 것에 불과
> 하겠지만…… 그래도…… 네, 우리 아이들이 외롭지
> 않으면 좋겠어요.

그의 눈길을 끈 것은 고인의 이름이 배치된 방식이었다. 당시 9·11 추모 공간 추진위 측은 유족들의 의견을 들어

가능하면 생전에 가까웠던 사람들 옆에 고인의 이름을 배치했다. 누구 옆에 누구. 누구 옆에 누구. 누구 옆에 누구. 한 사람의 이름이 다른 한 사람의 옆에 있게 된 사연은 대체 무엇일까? 그 안에 얼마나 많은 이야기가 있을까? 나와 친구는 이런 대화를 나누었다.

"누구 옆에 누가 있는지 그 모든 이야기를 다 아는 사람이 만약 있다면⋯⋯."

"그 사람은 신이겠지."

나는 그때 처음 9·11 메모리얼 파크에 갈 생각을 하게 되었다.

참사 발생 1,073일이 경과하자 세월호가 인양되었다. 성호 아빠도 그날 거기 있었다. 그러나 그는 세월호에 가까이 다가가지 못했다. 세월호 주위를 맴돌기만 했다.

> 사람마다 차이가 있겠지만 저는 4층 우현에 있는 그 창문만 보면 미칠 것 같아서. 그곳에서 아이들이 제일 많이 나왔거든요. 4층 우현에 있는 그 창문가에서. 네. 그 창문이 깨지지 않고 멀쩡하게 있는 걸 보면. 난 그 창문만 보면 미칠 것 같았어요.

유리창

"성호도 거기 있었어요?"

네, 성호도 거기서 나왔어요. 그런데 그걸 매일 지켜보고 있어야 되거든요. 그게 너무 힘들었어요. 나는 세월호 앞에서 4층 우현 선수에 있는 그 창문을 보면 저걸 깨버렸어야 되는데 그 생각밖에 안 들어서. 우리 애들이 4층 우현 선수에 있는 그 창문가에 다 모여 있었던 거야. 그래서 처음에는 배를 보는 것 자체만으로도 힘들었어요. 계속 맴돌면서 조금씩 조금씩 다가갔는데. 배 옆까지 가는 데 한 달 이상 걸렸어요.

며칠 뒤 나는 성호 아빠에게 9·11 메모리얼 파크에 가보겠다고 말씀드렸다.
"거기 가면요, 꼭 하나 보고 오세요."
"네. 뭐든지 말만 하세요."
"9·11 메모리얼 파크에 가면은요, 9·11 때 창문이 딱 한 장 안 깨진 게 있어요. 그게 전시되어 있어요."
"건물이 붕괴되었을 때 깨지지 않은 유리가 한 장 있다는 거죠?"

다른 의미의 두 창을 보세요. 그 상황에서도 꿋꿋이 멀쩡하게 살아 있는 유리창. 대견한 유리창. 9·11의 유리창이죠. 그리고 세월호의 우현 선수에 있는 그 유리창. 그 저주받은 유리창. 깨지지 않은 유리창. 두 유리창을 비교해보세요. 한쪽 유리창은 희망이고요, 한쪽 유리창은 절망이에요. 나는 모르겠어요. 뭐가 깨지지 말아야 하고 뭐가 깨져야 하는지.

나는 그를 만나고 몇 달 뒤 뉴욕행 비행기를 탔다. 그리고 뉴욕에 도착한 바로 다음 날 2,749명이 잠든 9·11 메모리얼 파크에 갔다.

2001년 9월 11일 화요일, 거의 대부분의 뉴욕 사람들이 기억하는 것은 가을 하늘이 눈부시게 아름다웠다는 것이다. 뉴욕의 전형적인 파란 하늘이었다고 그들은 표현했다. 쌍둥이 빌딩 북쪽 타워 106층, 107층에는 '윈도즈 온 더 월드'라는 식당이 있었다. 무역센터 꼭대기에 있는 그 식당에서는 뉴욕의 하늘을 아주 잘 볼 수 있었고 날이 맑으면 자유의 여신상도 볼 수 있었다. 그날 아침 윈도즈 온 더 월드는 보통 때보다 조금 더 북적거렸다.

조찬 모임이 몇 개 있었다. 106층 엘리베이터가 마지막으로 닫힌 시간은 8시 44분이었다. 그 시각 이미 출근한 사람들은 컴퓨터를 켜고 이메일을 확인하거나 편안한 신발로 갈아 신고 일할 준비를 했다.

98층에서 캐피털 애널리스트로 일하던 패트리셔는 온통 아기에 정신이 팔려 있었다. 그녀는 임신을 원했다. 그녀는 출근하면서 임신 테스트기를 새로 샀다는 대화를 남편과 나누고 있었다. 그때 갑자기 전화가 끊겼다. 8시 46분 31초였다. 그 순간 시속 720킬로미터 속도로 비행기가 북쪽 타워로 날아들었다(시속 720킬로미터는 맨해튼을 대략 2분 안에 돌파할 수 있는 속도다). 비행기는 93층에 부딪혔다. 항공기의 몸체는 건물의 95층과 97층 사이를 파고들었고 오른쪽 날개는 99층까지 덮쳤다. 건물이 크게 흔들렸고 천장과 타일과 벽과 계단이 무너져 내리기 시작했다.

비행기는 만 갤런의 연료를 싣고 있었기 때문에 여기저기서 화재가 발생했다. 9시 이전에 3천 통의 전화가 소방서로 쏟아졌다. 모두 화재 신고였다. 윈도즈 온 더 월드가 있는 106층, 107층은 연기가 심했다. 웨이터들은 "손님들을 모시고 어디로 대피해야 할까요?"라고 소방서에 물었다. 비행기 충돌 직후 북쪽 타워 사람들의 탈출이 시작되었다. 9시가 되기 전 아직 북쪽 타워의 건물 북서쪽 계단은 사용 가능했다. 비행기가 충돌한 지점 아래층은 상황이 좀 나았다. 그때까지만 해도 건물 붕괴를 걱정하는 사람은 없었다. 건물은 비행기보다 천 배가 크고 그리고 타워는 태풍에도 견딜 수 있도록 설계되었다. 허드슨강의 바람이 타워에 미치는 영향은 비행기 충돌보다 30배가 더 컸다.

소방관들은 현장에 도착한 순간 불을 끌 수 없다는 것을 알았다. 화재 현장에서 소방관의 첫 번째 지침은 화재 발생 현장 부근에 지휘부를 설치하는 것이었다. 그런데 대체 어디에서 화재가 시작되었단 말인가? 게다가 엘리베이터는 모두 고장이었다. 소방관들을 어떻게 고층으로 올려 보낸단 말인가? 소방관 방화복 무게 13킬로, 마스크와 산소통 무게 12킬로, 호스 무게 13킬로, 소화기 무게 17킬로, 화재진압용 도끼와 쇠 지렛대 무게 13킬로. 이것들을 다 지고 107층까지? 소방관들이 할 수 있는 일은 구조 작업뿐이었다.

 북쪽 타워에 불이 붙자 남쪽 타워 사람들은 눈으로 본 것을 믿을 수 없었다. 충돌 몇 분 만에 몸에 불이 붙은 채 혼자 혹은 손을 맞잡은 채 추락하는 사람들이 보였다.

창에서 뛰어내리는 사람들은 제트연료가 타는 층에 있던 사람들이었다. 그들은 창문을 깨야 하나 말아야 하나 망설였다. 그러나 고민의 시간은 짧았다. 그들은 창문을 깨고 뛰어내렸다. 106층 창가에는 70명 정도가 모여 있었다. 남쪽 타워 근무자 중에서도 위층의 사람들만이 이 상황을 볼 수 있었다. 그들은 집으로 전화를 해 북쪽 타워에 문제가 있고 다만 자신들은 안전하다는 소식을 전했다. 그중에는 그날 아침엔 꼭 마음을 고백해야겠다고 생각한 사람도 있었다.

"이 말을 하고 싶어. 당신이 내게 얼마나 많은 것을 의미하는지."

"엄마, 비행기가 북쪽 타워에 충돌했어요. 저는 무사해요. 저는 남쪽 타워에 있어요. 무서워요. 아빠한테도 전화했어요. 사랑해요."

남쪽 타워의 많은 사람들이 1층으로 내려갔다. 그중에는 암 치료를 받던 사람도 있었다. 항암 치료 중인 그는 계단을 내려가기가 무척 힘들었다. 그의 동료는 말했다.

"암 치료를 받을 수 있으면 계단도 내려갈 수 있어."

누군가는 핸드백을 가지러 사무실로 돌아갔다.

"핸드백은 놔둬."

"안 돼. 그 안에 우리 아기 사진이 있단 말이야."

그러나 남쪽 타워에는 남아 있기를 택한 사람들도 있었다. 남쪽 타워 89층에는 주식 중개인들이 있었다. 곧 9시가 될 텐데, 주식시장의 규모를 생각하면 시장이 마비된 책임을 누가 질 것인가? 때마침 이런 구내방송이 나왔다.

"여러분 2호 타워는 안전합니다. 대피하고 있는 분들은 엘리베이터를 타고 사무실로 돌아가세요."

그 방송을 들은 사람들은 9시 주식시장 개장을 기다리는 것을 선택했다. 그러나 남쪽 타워의 방송도 바뀌기 시작했다.

"질서정연하게 대피를 시작해도 됩니다."

그날 남쪽 타워에 있던 사람들은 방송을 세 번 들었다. 두 번은 떠나지 말라. 세 번째는 원하면 떠나라. 왜 이런 일이 생겼던 걸까? 남쪽 타워 로비에 있는 소방 지휘 데스크에서는 북쪽 타워의 화재 현장이 잘 보이지 않았다. 그리고 또 한 대의 비행기가 날아오고 있는 것도 보이지 않았다.

북쪽 타워가 공격을 받은 지 16분 28초 뒤인 9시 2분 59초, 시속 872킬로미터 속도로 또 하나의 항공기가 남쪽 타워로 돌진했다. 비행기는 남쪽 타워와 충돌하는 순간

유리창

81층을 뚫었다. 비행기의 왼쪽 날개가 기울어져 있었기 때문에 77층, 78층, 79층도 파손되었다.

그 시간에도 북쪽 타워의 대탈출은 계속되고 있었다. 비행기가 북쪽 타워와 충돌했을 때 많은 사람이 즉사했다. 그러나 93층과 99층 사이에 천 명가량이 살아 있었다. 그들은 문이 찌그러졌기 때문에 계단과 엘리베이터를 이용할 수가 없었다. 크게 다치지 않은 사람들은 있는 힘을 다해 어깨로 밀었지만 문은 열리지 않았다. 그래도 그들은 살기 위해 할 수 있는 모든 노력을 다했다. 남녀를 가리지 않고 계단 출입문에 몸을 부딪혔다. 그때 누군가 홀연히 쇠 지렛대를 들고 나타났다. 그때 홀연히 한 남자가 손전등을 들고 계단으로 가는 방법을 알려주었다. 모두가 공황 상태일 것 같았지만 그 와중에도 누군가는 침착하게 비상계단을 찾아내고 사람들을 대피시켰다.

남쪽 타워에 도착한 소방관 중에는 오리오 파머라는 사람이 있었다. 오리오 파머는 의지가 강한 사람이었다. 그의 꿈은 고층 건물 화재 진압 전문가가 되는 것이었다. 그는 전기공학 과목을 이수했고, 무전기에 관한 논문을 썼고, 엄청나게 체력을 관리했다. 그는 가장 더운 날 더운 시간대를 골라 밴 모리슨의 음악을 들으면서 달리기를 했고(그가 어찌나 힘차게 달렸던지 길거리가 파일 정도라는 말이 있었다), 텔레비전을 볼 때도 윗몸일으키기를 했고 마라톤 대회에 출전했고 미스터 소방관 대회에 나가 몇 번이나 상을 탔다. 그가 현장에 도착해 40층에서부터 올라가기 시작했을 때 사람들은 78층에서 구조를 기다리고 있었다. 대장의 임무는 선두로 올라가 화재 발생 지점 두 층 밑에 지휘 초소를 차리는 것이었다.

소방관이 되기 전에 엘리베이터 기술자로 일했던 파머는 엘리베이터를 고쳐서 사람들을 아래로 내려보낼 계획이었지만 그 전에 먼저 화재 현장을 확인해야 했다. 파머는 엘리베이터에서 내려 40층에 도착한 지 10분 만에 열두 층을 올라갔다. 일부러 가장 더운 날 가장 더운 시간을 골라서 달리기를 하던 노력이 진가를 발휘했다. 그가 올라가는 속도는 무거운 장비에도 불구하고 점점 더 빨라졌다.

9시 42분, 그는 69층까지 올라갔다. 9시 45분, 그는 74층에 도착했다. 그가 한 층을 올라가는 데는 불과 36초 정도만이 소요되었다. 그를 따르던 소방대원들은 말했다.

"대장, 어디 있어요?"

"74층."

"지금 대장님을 따라가고 있습니다. 우리는 소방복을 벗었습니다."

파머는 벽에 금이 가 있으니 조심하라고 했다.

9시 52분, 그는 이렇게 말했다.

"소방 호스 두 개면 불을 끌 수 있을 것 같다."

그의 뒤를 따르던 소방관들이 무전기로 대답했다.

"우리가 가겠다."

마침내 파머는 78층 로비에 도착했다. 여기저기서 수많은 사람들이 피를 흘리고 있었다. 파머는 그 와중에도 남아서 부상자들을 돌보고 있는 사람을 보고 놀랐다. 시간당 11달러 60센트를 받는 무역센터의 경비원이었다. 경비원의 이름은 마르티네즈였다. 그는 비행기 충돌 순간에 살아남은 후 대피하지 않고 계속 남아서 사람들을 돕고 있었다.

9시 57분, 마르티네즈가 무전기를 통해 말했다. "소방관들이 엘리베이터에 갇힌 사람을 구하기 위해 애쓰고 있다." 그러나 파머가 78층에 도착했을 때, 저 아래 지휘본부에는 절망적인 보고가 들어왔다. 건물이 무너질지도 모른다는 보고였다. 사람들이 걱정한 것은 화재와 연기였지 건물의 붕괴가 아니었다. 무역센터는 비행기가 충돌할 경우를 대비해 설계되었다. 만약 건물이 붕괴된다면 아무도 예상치 못한 일이 벌어지는 것이다.

9시 58분, 굉음이 울렸다.

"이게 무슨 소리야?"

아무도 그 질문에 대답할 수가 없었다. 파미가 구조작업을 펼치고 소방관 몇 명이 엘리베이터로 생존자들을 내려보내고 경비원이 피 흘리는 사람들을 돌보던 그 시각, 남쪽 타워가 연기처럼 붕괴되었다. 남쪽 타워는 전속력으로 무너져 내렸다. 9시 58분 59초였다. 연이어 북쪽 타워도 붕괴되었다. 그날은 아무도 몰랐지만 9월 11일에 타워에 있던 17,000여 명의 사람들에게 탈출할 시간은 북쪽 타워에 102분, 남쪽 타워에 57분이 있었다. 비행기 충돌로 많은 사람들이 죽었지만 그보다 많은 사람들이 생존해 있었다. 그들은 찌그러진 문을 열어야 했고 연기와 파손된 건물 잔해로 가로막힌 복도를 통과해야 했다.

훗날 증언들을 통해 그날의 상황을 재구성해보면 많은 사람들이 부상당한 동료를 부축해서 나오려고 했고 지쳐서 포기하려는 사람들에게 계속 나아가라고 격려했고 모두가 탈출하는 곳으로 묵묵히 올라가는 소방관들에게 길을 비켜주고 감사를 표했다. 위험에 처한 사람

유리창

들을 외면하지 않으려는 마음은 도처에 넘쳤다.

그러나 많은 사람들이 죽었다. 죽은 사람들 중에는 로코 카마쥐도 있었다. 그는 남쪽 타워 옥상에서 유리창 닦는 일을 했다. 고층 빌딩의 유리창은 자동 창문 청소기로 닦을 수 있었지만 107층만은 통창문이라 자동 창문 청소기로 닦을 수 없었다(고층 전망을 포기할 수 없었던 사람들이 통창문을 원했기 때문이다). 그와 동료들은 아득히 높은 상공에서 장비를 담은 바구니에 매달린 채 창문을 손으로 닦으면서 무역센터의 전설적인 인물이 되었다. 항상 고독하게 일했던 그이지만 그날만큼은 사람들을 이끌고 옥상으로 향했다. 그러나 그는 그를 따라갔던 사람들과 함께 사라셨다. 북쪽 타워에서 홀연히 나타나 사람들을 구조했던 그 사람들, 그들 또한 건물 붕괴와 함께 사라져 그게 누구였는지 추정만 할 수 있을 뿐이다. 건물에 있던 숱한 소방관들도 운명을 함께 했다.

그날 탈출에 실패한 많은 사람들이 통화가 되는 한 가족들에게 전화를 했다.

"당신과 아이들은 나의 전부야."

"형. 여기서 못 나갈 것 같아. 우리 애들을 잘 돌봐줘. 아내에게 사랑한다고 전해줘."

"최선을 다해 탈출할게."

"사랑해. 안녕."

이제 우리 곁에 없는 사람들은 모두 그 마지막 말들 속에 누워 있다. 눈물처럼 떨어지는 말들이다.

나는 9·11 메모리얼 파크에서 앤서니를 만났다. 그는 9·11 희생자 가족모임인 '9/11 가족연대Coalition of 9/11 families'의 일원으로 추모관이 처음 생길 때부터 내가 그를 만날 당시까지 추모관을 관리하는 일을 하고 있었다. 그는 9·11 때 형을 잃었다. 그의 형 하비는 북쪽 타워 83층에서 일했다. 사건 당일 아침, 그는 하비와 통화하지 못했지만 그의 또 다른 형 마크는 하비와 통화를 했다. 하비의 마지막 통화 내용은 연기가 자욱한 복도에서 구조대를 기다리고 있다는 것이었다. 통화 도중 그는 다른 사람들에게 큰 소리로 말했다.

"우린 무사할 겁니다."

하비가 마크와 통화를 하고 90분 뒤 건물은 붕괴되었다. 앤서니는 하비가 건물을 탈출하지 못했다는 사실을 받아들이는 데 오랜 시간이 걸렸다. 90분이면 탈출하기에 불가능한 시간은 아니지 않을까? 앤서니는 형을 찾아 병원을 돌아다녔고, 다른 실종자 가족처럼 형을 찾는

다는 포스터를 붙이면서 형의 행방에 대한 단서를 얻으려고 갖은 노력을 다했다. 그러나 하비는 아직까지 발견되지 않았다. 9·11로 목숨을 잃은 사람의 40퍼센트가 아직 실종자 상태다.

"형은 어떤 사람이었어요?"

형이 누구인지 말하려면 우리의 마지막 날, 9월 10일 밤을 말하는 게 좋을 것 같아요. 형은 죽기 전날 늦게까지 히스토리 채널에서 세계대전에 대한 다큐멘터리를 봤어요. 형은 역사에 관심이 많았어요. 하지만 형은 직장이 멀어서 일찍 자야 했어요. 제때 출근하려면 5시에는 일어나야 했거든요. 그래서 형은 저에게 20분 뒤에 논쟁적인 인물이 나오니까 꼭 녹화해달라고 했어요. 그게 형과 나눈 마지막 대화예요.

우리 형은 합기도 같은 동양 무술을 배우고 바닷가를 달리고 자전거를 타기 좋아했던, 활기차게 자기 삶을 즐겼던 사람이에요. 우리 형, 그리고 그날 생을 떠난 2,977명은 모두 하나의 숫자가 아니에요. 모두 자기 인생 이야기가 있던 사람들이에요. 역사를 열정적으로 사랑했던 형은 이제 역사의 일부가 되고 있어요.

"기억들 때문에 여기에 매일 있는 게 결코 쉬운 일이 아닌데…… 어떻게 견디세요?"

저는 형을 명예롭게 기억하게 하는 일에 제 인생을 바치면서, 그리고 다른 유가족들과 함께하면서 큰 도움을 받았어요. 추모관이 들어선 이곳은 미국의 경제적 위상을 상징하는 곳이었어요. 뉴욕 사람들에겐 좀 자랑스러운 곳이었어요. 그래서 다시 상업적인 공간이 되어야 한다는 요구가 많았어요. 하지만 우리 유가족들에게 이곳은 성스러운 곳이에요. 사랑하는 가족들이 마지막까지 일했던 곳이니까요.
우리는 이곳이 공공의 장소가 되길 바랐어요. 이곳에서 무슨 일이 일어났는지, 그리고 우리가 무엇을 잃었는지, 미래를 위해서 무엇을 해야 할지 알 수 있는 곳이요. 우리는 타협을 했어요. 타워가 차지했던 원래 면적인 16에이커의 절반은 기념공간과 박물관을 짓고 나머지 8에이커는 두 타워를 대체하는 새로운 타워를 짓는 걸로요. 저희는

유리창

8에이커 그리고 무한을 요구했어요.

"무한이라고요?"
"네. 무한. 하늘이에요."

나는 그에게 유리창에 대해서 물었다.

타워의 4만 장 유리 중에 산산조각 나지 않은 딱 한 장의 유리창이 있어요. 딱 한 그루 불타지 않은 나무와 함께 그 유리창은 회복력과 희망의 상징이에요. 깨지지 않은 유리창이 있는 이곳은 처음 도착한 구조대와 시민들이 타인을 구하기 위해 스스로를 희생한 많은 이야기들이 있는 곳이에요. 그런 사람들이 없었다면 희생자는 훨씬 많았을 거예요. 저는 사람들이 이곳에 와서 그런 것에 대해서 뭐라도 생각을 할 것이라는 사실에 위안을 받아요.
사건 당시 건물에 17,000명이 있었어요. 이곳엔 17,000명의 생사가 걸린 이야기가 너무나 많아요. 9·11은 대단히 비극적인 사건이었지만 그 당시에 우리가 서로에게 연민을 보여준 방식, 생판 모르는 타인을 위해 자기 삶을 던졌던 것, 같이 격

려하면서 한 발이라도 내디딘 것, 뭐라도 좋으니 도움이 되려고 했던 것, 함께 슬퍼했던 것의 의미는 아무리 많은 시간이 흘러도 퇴색하지 않을 거예요.

이 추모관은 자기희생의 이야기가 가득한 곳이에요. 그래서 이 추모관은 사랑이고 이타심이에요. 저는 세월호 소식을 알아요. 대부분의 희생자가 살 날이 훨씬 많았던 아이들이란 것을 알아요. 그래서 더더욱 그 아이들을 명예롭게 하고 아이들의 삶을 우리들의 이야기로 이어지게 하는 것이 중요해요.

그날 나는 앤서니와 헤어져 유리창을 찾아보았다. 추모관은 아주 넓었지만 어렵지 않게 찾을 수 있었다. 적지 않은 사람들이 창 앞에 발걸음을 멈추고 서서 잠시 머물렀다. 나도 유리창 앞에 서보았다. 그 유리창 앞에 서 있었을 성호 아버지 생각이 제일 먼저 났다. 성호 생각도 났다. 아이들 생각도 났다. 그리고 그날 어느 창가에 서 있었을 사람들이 생각났다. 그날 죽었던 사람들이 필사적으로 돌아가려고 했던, 우리가 '삶'이라 부르는 그것이 유리창 너머에 있었을 것이다. 그러나 그 공간에서 내 눈앞에 있던 것은 9·11의 어두운 건물 파편들이었다. 지금 존재하는 것이 더 이상 존재하지 않을 수도 있다는 경고처럼. 그 파편 너머, 삶이 어때야 하는지를 상상하지 못하면 우리는 계속 폐허만을 보게 되리라는 경고처럼.

이제 이야기는 끝났다. 그런데 잠시만…… 과연 이 이야기를 끝낼 수 있을까? 나는 못 끝낼 것 같다. 이 이야기를 서둘러 끝내려고 할 때마다 항상 이건 아니라는 느낌에 시달렸다. 어느 아름다운 날에 정신 사나운 악몽 같은 일이 우리처럼 따뜻한 몸을 가진 사람들에게 '현실'로 일어났다. 이 이야기의 유일한 위안은 인간이 다른 인간을 求하고 도울 수 있다는 것뿐이다.

세월호라는 단어는 아직도 내 가슴에 너무나 생생하다. 나에게만 그렇지는 않을 것이다. 세월호라고 말하는 순간 거의 모든 사람의 시간이 잠시 멈춘다. 그 단어를 듣는 순간 이미 우리 가슴은 지금 여기가 아니라 어딘가로 떠난다. 거의 모든 사람의 눈에 작은 눈물이 맺힌다. 그냥 그 단어만 말해도 그렇다. 시간은 흐르고 많은 것은 잊히는데 왜 이 이야기는 우리를 멈춰 세우는가? 이 이야기에는 뭐가 있는가?

세월호 1주기가 지나고 유족들과 함께 광주 5·18 유족들을 만나러 간 일이 있다. 그때 세월호 부모님들은 우선 5·18 유족들에게 사과를 하고—"저희가 너무 오랫동안 5·18에 무관심하게 살았습니다. 겪어보니 알겠습니다. 비통하게 가족을 잃는다는 게 어떤 건지……. 저희의 무관심을 사과드립니다. 저희가 너무 오래 외롭게 만들었습니다."—그다음에 질문을 했다.

> 저와 우리 아이들은 다시 만날 거예요. 우리가 다시 만나면 우선 "사랑해!"라고 하고 안아주고 그다음엔 서로 어떻게 살아왔는지 많은 이야기를 할 거예요. 그날을 위해서 뭘 해야 할지 알아야 할 게 있다면 알려주세요.

나는 이 이야기를 할 때의 유족들의 표정을 잊을 수가 없다. 행복해 보였다. 아련하게, 꿈처럼, 곧 기쁜 재회를 기다리는 사람들처럼. 곧 일생의 사랑을 만나러 긴 여행을 떠날 사람들처럼. 비록 그 행복감은 곧 그늘졌지만 몇 초간은 정말 아련해 보였다. 그 뒤로도 이 이야기를 반복적으로 들었다.

> "이제 곧 엄마 아빠가 갈게. 그때까지 친구들이랑

잘 놀고 있어."

"동생 잘 돌보고 잘 살아내고 무사히 너에게로 갈 게. 곧 보자."

'우리가 다시 만나면 많은 이야기를 할 것이다.' 이 말에 대해서 어떻게 생각하는가? 비합리적이고 비이성적이라고 생각하는가? 그러나 이것 말고 유족들이 달리 어디서 위안을 구하고 어떻게 힘을 낼 수 있을까? 세월호는 나에게 적어도 세 가지 질문을 안겨주었다.

첫 번째, 우리가 다시 만나면 어떤 이야기를 해야 할까?
두 번째, 죽음이 그토록 아쉽고, 사라지는 모든 인간적인 것이 그토록 슬픈 것이라면 삶이란 무엇일까? 삶이 이미 죽음에게 도둑맞고 있는 중이라면 무슨 생각을 하고 살아야 삶의 소중함을 지킬 수 있을까?
세 번째, 이 위험한 세상에서 우리가 사랑한다는 것은 무슨 의미일까?

세월호 이후 내 삶은 이 세 가지 질문 위에 구축된 것이

나 다름없다. 그리고 질문이 있으니 그 답으로 삶을 채우려고 애쓰는 중이다(그렇지 않다면 『앞으로 올 사랑』도 쓰지 않았을 테고 지금 이 책도 쓰고 있지 않았을 것이다). 그런데 답하기 위해서는 삶을 먼저 바꿔야 하는 질문들이 있다. 이야기를 하기 전에 삶이 바뀌어야 할 수 있는 이야기가 있듯이. 내게는 이 질문들이 그렇다.

아이들에게 코로나와 기후위기 시대에 대해서 뭐라고 말해야 할까? 이제 우리는 마스크로 중무장을 하고 귀에는 이어폰을 꽂고 타인과의 접촉을 최대한 피하는 중이라고 해야 할까? 그렇게 점점 더 폐쇄적이 되어서 타인의 슬픔과 불행과 함께하겠다는 생각을 잃어가는 중이라고 말해야 할까? 우리 머리 위에는 무한한 하늘이 아니라 CCTV가 있고 그것이 우리가 누구인지를 증명해주고 우리의 하루를 대신 말해준다고? 점점 더 외로워진 우리는 죽음이 아니라 얼음 같은 차가움 속을 살아가는 것을 꽤나 두려워하게 되었다고? 사방에 냉담한 말이 넘쳐나서 살아 있다는 것을 기뻐하기는커녕 실감하지도 못한다고? 실은 우리도 두터운 유리창 안에 갇혀 있다고? 우리를 가두는 벽이 어디에서 시작되었으며 어디서 끝날지도 알지 못하는 채, 탈출은 꿈도 꾸지 못하는 채. 그리고 가장 하기 민망한 말. 아직도 아무것도

유리창

구해내지 못하고 있다고?

 우리는 죽은 아이들에게 그렇게 말해서는 안 된다는 것을 안다(그렇게 살고 있어도 그렇게 말해서는 안 된다는 것을 안다). 우리 마음은 죽은 사람에게 더 이상 슬픔을 주고 싶어 하지 않는다(이것은 나의 소망에 불과한가?). 어쨌든 우리는 죽은 사람들에게 여기는 이제 그만 잊으라고, 우리에게 맡겨놓으라고 말한다. 세월호라는 단어는 우리 모두의 현실을 바꿔줄 수 있는 힘을 가진 단어다. 이 단어 앞에서 슬퍼하고 고통받는 능력은 아직 사라지지 않았다. 삶에는 함부로 파괴해서는 안 되는 뭔가가 있다고 생각한다. 생명에는 귀하게 여겨야 할 뭔가가 있다고 생각한다. 이 슬픈 마음과 현실을 연결시킬 때 변화는 가능하다. 우리는 현재와 미래를 연결하는 능력을 거의 바닥까지 상실한 듯이 살고 있지만, 과거에서 배우는 능력 또한 잃은 듯이 살고 있지만, 시간 속의 존재임을 잊고 살지만, 그렇기 때문에 더더욱 스스로를 시간의 맥락 속에서 봐야 한다. 우리 인간은 과거를 기억하고 미래를 계획하면서만 질서를 잡고 살 수 있기 때문이다. 과거와 현재, 미래를 연결하기 시작하면 우리가 기대했던 것 이상의 것이 보인다. 한번 일어난 일은 모습을 바꿔서 다시 일어나기 마련이다. 생명을 구하지 못한 나라가 사랑하는 가족을 잃은 사람들을 혐오의 대상으로 만들어버린 그 일 또한 반복될 것이다.

이렇게 삶이 위태로울 때 쓸모 있는 이야기는 무엇일까? 명백하다.

"구할 수 있는 것을 구하라, 아직 구할 수 있을 때!"

크게 봐서는 이것이 유족들의 이야기다. 진실이 그토록 중요한 것은 더 이상의 죽음을 막기 위해서다. 현실을 더 낫게 고치기 위해서다. 아이들을 만나면 부모들은 이렇게 말할 것이다.

"내가 너는 구하지 못했지만 그래도 네 덕분에 다른 사람들은 구했어. 나를 용서해줄 수 있겠니? 그날 너를 구하지 못한 것을?"

우리는 오리오 파머에게 배울 것이 있다. 그는 우리가 무엇을 해야 할지 알려주는 존재다. 우리도 그처럼 이 세상의 모든 취약한 것, 위기에 처한 것을 구해내고 말리라는 강철 같은 의지로, 마음 약해지지 말고 한 걸음 한 걸음 꿋꿋하게 나아가야 한다. 우리를 꿋꿋하게 버틸 수 있도록 도와주는 많은 것들과 함께, 아무 할 일이 없다는 한가한 목소리에 맞서면서 빨리 올라가야 한다. 나는 성호의 말을 자주 생각한다. "살아서 갈 테니까 걱정

유리창

하지 마."

 내가 들려준 두 개의 유리창, 이 이야기의 핵심은 모든 게 달라질 수 있었다는 데 있다. 이 슬픈 운명들은 결코 피할 수 없는 것들이 아니었다. 지금과 다른 상황은 가능했다. 성호와 오리오 파머와 소방관들 모두 그렇게 죽지 않을 수 있었다.* 죽은 자는 말이 없지만 모두 그렇게 죽고 싶지는 않았다고 말할 것이다. 삶으로 돌아가서 이 세상의 슬픔과 기쁨을 맛보고 싶어 했을 것이다. 유일한 희망의 말은 '모든 것이 변해야 한다'다. 깨버려야 할 것은 '아무것도 변하지 않을 것이다', '아무 할 일이 없다'라는 생각이다. 이 생각이 비극을 아무것도 아닌 것으로 만들어버린다. 우리는 이제라도 '사랑으로' 가

---

* 9·11 당일의 기록은 당시 『뉴욕타임스』 기자였던 짐 드와이어와 케빈 플린의 『102분』(홍은택 옮김, 동아일보사, 2005)을 참고했다. 『102분』은 구조대원과 생존자와의 인터뷰, 수천 쪽에 이르는 구술 기록, 이메일과 긴급 무전 필사본 등을 바탕으로 집필된 역작이다. 건물이 무너질 때 헬기를 조종하는 경찰이 네 번이나 건물을 빠져나오라고 경고를 보냈다. 그러나 모두 경찰 채널을 통해서였다. 뉴욕시 구조대원들은 정보를 공유할 시스템을 가지고 있지 않았다. 소방관들은 생사를 가를 정보로부터 차단되어 있었다. 오리오 파머가 현장에 도착했을 때 그는 최소한 한 시간은 구조 활동을 펼칠 수 있을 것으로 예상했다. 그러나 건물은 7분 만에 붕괴되었다. 초대형 건물의 바닥 내화 설비는 아무런 표준도 없이 대충 통과되었다. 붕괴의 첫 번째 원인은 항공기 충돌이었다손 치더라도 인명 피해가 이렇게 커진 것은 첩첩이 쌓인 다른 문제들 때문이었다. 이를테면 상업 공간을 최대한 확보하기 위해서 계단 수를 축소시켰을 뿐 아니라 한군데 몰아놓은 계단은 2,300명이 동시에 3, 4층을 이동할 수 있는 규모에 불과했다.

능한 것이 무엇인지 찾고, 구할 수 있는 것을 구하기 위해서 계속 주위를 살펴봐야 할 것이다. 각자의 자리에서 '반복'을 피할 방법을 찾아야 한다. 내 나라에서 벌어지는 일을 깊게 슬퍼할 줄 아는 내 친구는 "골든타임 놓쳐본 나라의 국민으로서 말한다"는 표현을 몇 번이고 쓰면서 기후위기를 막기 위해 할 수 있는 일을 다하려고 하는 중이다. 이제라도 너무 늦지 않게 구해내기 위해서.

코로나 19가 한창이던 여름, 국수를 좋아하는 세월호 희생자 아버지 한 분을 만났다. 아주 오랜만이었다. 강화도에 맛있는 국숫집이 있다는 말을 들은 적이 있어서 나는 일몰도 볼 겸 아버지와 함께 강화도로 갔다. 우리는 식사 전에 호젓한 둘레길을 별말 없이 걸었다. 좁은 흙길 한가운데 여치가 한 마리 앉아 있었다. 커다랗고 잘생긴 놈이었다. 자세히 보니 여치의 날개 한쪽이 없었다. 아버지가 여치를 들어서 풀잎 위에 올려놓았다. 몇 발자국 걷다가 우리 둘은 거의 동시에 뒤를 돌아보았다. 한동안 우리는 여치가 앉아 있을 것으로 짐작되는 풀을 바라보았다. 햇빛 때문에 눈이 부셔서 뭐가 뭔지 잘 보이지 않았지만 그래도 저기 어디 여치가 계속 풀잎에 안전하게 있기를 바라면서 봤다. 덧없을지라도 여치를 지켜주고 싶었다. 이 작은 손짓이 여치에게는 혹시 다른 미래가 될 수도 있을까? 다른 이야기의 시작일 수도 있을까?

우리가 동시에 뒤돌아보던 모습은 내 마음속에 한 장의 사진처럼 남아 있다. 이 슬픈 사람들의 마음을 세상과 연결시켜주는 단어는 생명에 대한 '사랑'이다. 아버지가 여치를 집어 들던 작은 몸짓 하나만 말하려고 해도 그의 전 생애에 걸친 사랑 이야기가 필요할지 모른다. 그 몸짓을 보면서 나는 한때 지상에 태어나 살았으나 이제는 없는 한 아이의 존재를 느꼈다. 이제는 곁에 없는 우리가 사랑했던 사람들은 이렇게 우리 몸을 통해 무수히 돌아오고 또 돌아와야 한다.

목소리, 이름, 우리, 인생의 전문가

목소리, 이름, 우리, 인생의 전문가

가을이면 엘프가 짝을 찾아 우는 소리가 들리는 곳, 독수리가 자동차의 앞 유리에 날개 그림자를 드리우는 곳, 로키산맥에서 멀지 않은 그곳에 콜럼바인 고등학교가 있다. 1973년에 세워진 콜럼바인 고등학교의 이름은 로키산맥을 뒤덮은 꽃 이름에서 따왔다.

지금으로부터 20여 년 전, 콜럼바인 고등학교의 교사 중에 데이브 샌더스라는 사람이 있었다. 농구를 가르쳤던 그는 거의 항상 체육관이나 운동장에 있었다. 그는 운명의 해인 1999년에 마흔일곱 살이 되었다. 몸에 슬슬 살이 붙던 그는 중대 결심을 했다. 일을 줄이고 가족과 더 많은 시간을 보내고 음료도 다이어트 콜라로 바꿔야지. 데이브 샌더스가 그런 결심을 한 지 며칠 지나지 않아서 콜럼바인 고등학교 총기 난사 사건이 일어났다.

 1999년 사건을 일으킨 에릭과 딜런은 대학살극의 날짜를 4월 19일로 정했다. 4월 19일로 정한 이유에 대해선 추정 가능한 일이 있다. 4년 전인 1995년 4월 19일 오클라호마시티에 있는 연방정부청사에 폭탄 테러가 일어났다. 그 사고로 168명이 사망했다. 그때까지는 미국 역사상 최악의 테러 공격이었다. 에릭과 딜런이 콜럼바인 고등학교에 다닐 때 테러 공격을 일으킨 티머시 맥베이가 사형을 선고받으면서 당시 사건의 참혹한 광경이 텔레비전에 계속 나왔다. 그것을 본 에릭은 자신이 맥베이를 능가하겠노라고 노트에 기록했다. 에릭은 그즈음 일곱 개의 대형 폭탄을 설계하고 실험을 했다. 거사일이 4월 19일이라면, 시간은? 시간은 학교에 사람이 가장 많이 몰리는 점심시간. 11시 17분.

사건은 애초 계획보다 하루 늦은 4월 20일 화요일에 일어났다. 섭씨 27도의 화창한 날이었다. 데이브는 아침 6시 반에 일어났다. 그날은 무척 바쁜 하루가 될 예정이었다. 쓰레기 수거일이었는데(그가 쓰레기 당번이었다), 쓰레기를 치우고 푸들을 헤어숍에 맡기고 출근하면 지각할 것 같았다. 아침에 헤어질 때마다 항상 아내에게 키스를 했던 그는 그날 서두르느라 작별 키스를 하지 않았다. 차도에 가서야 그 생각이 났다. 그는 멀리서 아내에게 손으로 키스를 날렸다.

에릭과 딜런은 데이브보다 더 일찍 일어났다. 에릭은

'자연선택'이라고 써 있는 티셔츠를, 딜런은 '분노'라고 써 있는 검은색 티셔츠를 입었다. 두 아이 모두 검은색 전투화를 신고 검은색 장갑을 한쪽씩 나눠 꼈다. 둘은 그날 수업을 빼먹고 폭탄과 총기를 챙겼다. 에릭이 학교 주차장에 들어간 시각은 11시 10분. 여자애 둘이 에릭을 보고 손을 흔들었다. 에릭도 손을 흔들고 미소를 보냈다. 친구가 에릭에게 다가왔다.

"너, 오늘 왜 심리학 수업 안 들어왔어. 오늘 시험 봤어."

"상관없어. 나 너 좋아하거든. 그러니까 여기서 빨리 나가. 집으로 가."

11시 14분 에릭과 딜런은 힉생 식당에 들이섰디. 폭탄이 든 가방을 식당에 두고 재빨리 차로 돌아와 타이머를 작동시켰다. 11시 18분, 폭탄이 터지지 않았다. 11시 19분이 되자 에릭과 딜런은 잔디밭에 앉아 점심을 먹는 두 친구를 총으로 쐈다. 학생들은 그들이 총을 쏘는 것을 보았지만 재미있는 서바이벌 게임을 하는 줄 알았다. 그들 중 몇 명이 다가갔다가 총에 맞았고 피를 흘리면서 쓰러졌다. 이제 다들 놀라서 달아나느라 정신이 없었다. 교직원 휴게실에 있던 데이브 샌더스가 그 소리를 듣고 식당으로 달려갔다. "얘들아, 이쪽으로 가자!"

식당에 있던 488명의 아이들 대부분이 그를 따라 계단을 올라갔다. 아이들이 거의 대피했을 즈음, 총알이 학생들 끝자락에 있던 데이브를 맞혔다. 등에 맞은 총알은 심장으로 가는 동맥을 잘랐다. 그리고 다른 총알이 목으로 들어와 혀와 치아를 절단냈다. 그는 카펫 위로 쓰러졌다. 그가 쓰러지자 학생들은 어느 방향으로 가야 안전할지 몰라 우왕좌왕했다. 그 와중에도 데이브는 팔꿈치로 몸을 버티면서 학생들에게 방향을 알려주었다. 다른 교사들이 쓰러진 그를 과학실까지 데리고 갔다. 보이스카우트 둘이 그를 보살피기 시작했다. 총에 맞은 후 몇 시간이 지난 후에도 그는 구조되지 못했고 과다 출혈로 사망했다(데이브 샌더스의 죽음은 훗날 구조 지연 논란을 불러일으켰다. 그래도 그의 장례식에는 경찰들이 모두 참석했다). "내 딸들에게 사랑한다고 전해줘."

데이브는 용기가 있었기 때문에 죽었다. 그 시각 총소리를 들은 교장 역시 학생들이 몰려 있는 곳으로 달려갔다. 그리고 체육관으로 아이들을 대피시켰다.

"괜찮아. 내가 너희들을 지켜줄게. 아무한테도 문 열어주면 안 돼. 암호를 정하자. 오렌지. 아니야 레벨스."

레벨스는 콜럼바인 고등학교 옆에 있는 언덕의 이름이었다. 언덕 중턱에 오르면 로키산맥의 모습이 눈에 들어오는 곳이었다. 특수기동대가 도착하자 아이들은 머리에 손을 올리고 학교를 탈출했다. 달아나는 동안 교정에 쓰러져 있던 두 구의 시신을 지나쳐야 했다. 에릭과 딜런이 학교 건물 바깥에서 총격을 가한 것은 5분. 그들은 건물 바깥에서 두 명을 죽이고 건물 안으로 들어가 데이브 샌더스를 쏘고 식당 쪽으로 폭탄을 던지고 도서관에 들어갔다.

도서관에는 56명이 있었다. 그곳에서 그들은 10명을 죽였고 12명에게 중상을 입혔다. 나머지 34명도 쉽게 해치울 수 있었다. 그런데 이상한 일이 벌어졌다. 그들은 총 쏘기가 지겨워진 것처럼 7분 30초 만에 공격을 중단했다. 교실에 수백 명이 있었지만 그들은 빈 교실을 골라 총을 쏘기 시작했다. 12시 6분에 특수기동대가 도착했다. 에릭과 딜런은 스스로 목숨을 끊었다. 총기 난사 사건으로 데이브 샌더스를 비롯해서 13명이 사망했다. 공포의 며칠이 지나자 모든 사람들이 궁금해했다. 대체 에릭과 딜런은 왜 그랬는가? 에릭과 딜런은 누구였단 말인가? 그 아이들은 제정신이었을까?

에릭과 딜런은 모두 일지를 남겼다. 에릭의 일지 이름은 '신의 책', 딜런의 일지 이름은 '실존'이었다.

에릭은 수학을 잘했고 분석력이 뛰어났고 차분했다. 외국어 노래를 원어로 부를 줄 알았고 니체와 홉스와 괴테의 「마왕」을 줄줄 외웠다. 그러나 그것만 외운 것은 아니다. 그는 나치와 히틀러 또한 자유롭게 인용할 줄 알았다. 에릭은 자신이 이 세상의 누구보다 뛰어나다고 생각했다. '왜 학교에 가는지 너희들은 고민해본 적 있어? 멍청한 너희들은 이해 못하겠지만 학교는 청소년들을 고분고분한 로봇, 굴종적인 인간으로 기르는 곳이야. 너희들은 나를 존경할지도 모르지. 어떻게 너와 내가 같은 인간종이라고 생각해? 인간은 어리석어. 자신의 가능성을 실현하지 못하고 기계처럼 살아. 그런데 아무것도 아닌 것들이, 내가 무슨 말을 하는지 이해하지도 못하는 것들이 나를 벌주고 무시해?' 에릭의 마음속에는 경멸과 분노가 들끓었지만 겉으로 보기에는 항상 차분했다. 에릭은 남들의 마음을 읽을 줄 알았고 호감을 살 줄 알았다. 그에게 제일 쉬운 것은 남들이 원하는 모습을 재빨리 보여주고 남들을 속이는 것이었다. 선생님들은 에릭을 좋아했고 여학생들도 에릭에게 다가갔다. 에릭은 매력적이고 자기중심적이며 남을 지배하고 싶어 했지만, 공감이나 동정심을 느끼지 못했고 인류를 멸종시키는 공상을 자주 했다. 훗날 에릭은 사이코패스라고 분석되었다.

딜런은 태어날 때부터 총명했고 어려서는 영재교육을 받았고 특히 수학의 귀재였다. 그러나 언제부터인가 약한 자아에 시달렸다. "그만해. 비웃지 마아아아!" 누군가 딜런의 실수를 보고 웃기라도 하면 폭발하듯이 분노했다. 딜런은 점차 자기혐오에 시달렸다. '나는 어디에도 어울리지 않아. 혹시나 사람들이 날 받아들일까 희망하지만 받아주는 사람이 없어', '세상은 우울하고 슬픔은 끝이 없어. 내게도 사랑하는 사람이 있었으면……', '아무도 나를 사랑하지 않아', '나는 열등해', '내가 사람들에게 무엇을 잘못했는지 모르겠다. 다들 나를 증오하려고 작정한 것 같다', '젠장, 사는 게 싫다. 정말 죽어버리고 싶다. 지금 당장'. 딜런은 자신의 장점과 단점을 기록하기도 했다. "장점, 좋은 가족이 있고 냉장고에 먹을거리도 있다. 단점, 친구가 없고 누구도 나를 좋아하지 않고 못생기고 운동을 못하고 성적은 갈수록 떨어지고 삶에 야망이 없다."

에릭은 열등한 사람을 미워했고 딜런은 자신이 열등하다고 생각했다. 에릭은 노트에 증오라는 단어를 가장 많이 썼고 딜런은 사랑이라는 단어를 가장 많이 썼다. 에릭에게는 사랑의 욕구가 없었고 딜런은 사랑을 갈구

했다. 에릭은 인간은 쓸모없는 존재이기에 인간의 멸종을 바랐고 열등한 사람을 미워했고 자신의 우월함을 증명하기 위해서 폭탄을 만들었다. 딜런은 총을 구하고 싶어 했다. 자기를 쏘기 위해서였지 남을 쏘기 위해서는 아니었다. 에릭은 죽이고 싶어 했고 딜런은 죽고 싶어 했다. 에릭은 인간이 고통받기를 바랐고 딜런은 자신의 고통을 끝내고 싶어 했다. 에릭은 남들에게 화를 냈고 딜런은 자신에게 화를 냈다. 에릭은 자신이 무엇을 하는지 항상 알고 있었고 딜런은 아니었다. 딜런은 학살극을 기획할 때도 동요했다. 손 떼고 그냥 좋은 아이가 되고 싶어 하기도 했다. 자살이냐 학살이냐, 그는 선택해야 했다. 결국 딜런은 세상을 날려버린 후 자살하기로 선택했다. 그들은 열일곱 살 때부터 차근차근 준비했다. 총은 어렵지 않게 구할 수 있었고 로키산맥의 아름다운 곳에서 총 쏘기 연습을 할 수 있었고 열여덟 살이 되자 계획을 실행했다. 그들은 그날을 '심판의 날'이라 명명했다. 그들은 그날 잘 차려입은 멋진 악당처럼 보이고 싶어 했다.

콜럼바인 사건은 텔레비전으로 전국에 중계된 최초의 총기 사건이었다. 아이들이 교실에 갇혀 있을 때 이미 방송국의 중계차가 달려와 전국으로 상황을 보도하고 있었다. 1999년 이후에 미국에서 태어난 아이들은 자신들을 콜럼바인 세대라고 불렀다. 나는 이 말을 2018년 플로리다 마저리 스톤먼 더글러스 고등학교 총기 사건 생존자에게 들었다.

2012년, 콜럼바인에서 멀지 않은 오로라 극장에서 <다크 나이트 라이즈>가 개봉하는 날 총기 난사 사건이 일어났다. 불이 꺼진 깜깜한 극장에서 방탄복을 입고 영화 속 악당 베인과 비슷하게 차려입은 남자가 "나는 조커다!"라고 소리친 후 총을 난사했다. 12명이 사망했다. 그 뉴스를 누구보다 공포스럽게 지켜본 사람 중에 콜럼바인 사건 생존자들이 있었다. 오로라는 콜럼바인에서 대략 35킬로미터 정도 떨어진 곳에 있었다. 콜럼바인 고등학교 총기 사건 생존자인 잭과 헤더는 오로라 극장 생존자들을 찾아갔다. 그리고 이렇게 말했다.

"우리는 콜럼바인 생존자들입니다. 우리는 당신들을 돕고 싶습니다. 우리 또한 당신들이 지금 겪고 있는 과정을 지나왔습니다."

그날 이후 '레벨스 프로젝트Rebels Project'라는 단체가 만들어졌다(총기 사고 생존자들의 조직으로, 레벨스는 앞에서 언급한 대로 콜럼바인의 언덕 이름이다). 나는 플로리다 마저리 스톤먼 더글러스 고등학교에서 총기 사건이 발발한 뒤 생존 학생들이 희생자victims, 생존자survivors, 변화를 만드는 자change makers라는 정체성으로 '삶을 위한 행진March for Our Lives'을 주도한 것을 알게 되었다(당시 워싱턴 행진에는 80만 명의 인파가 모였다). 이 고등학생들의 모습이 내게는 대단히 중요한 자기규정으로 보였다. 그들은 결코 피해자에 머무르려고 하지 않았다. 그들은 엄청나게 미래지향적—그들은 미래가 현재와 같을 것이라고 생각하지 않는 듯했다. 미래가 현재와 똑같다면 뭣 하러 말을 하겠는가?—이었고 자신들이 무슨 말을 해야 하는지, 무엇을 해야 하는지 정확히 알고 있었다.

나는 행진 몇 달 뒤 미국의 총기 사건 생존자들을 인터뷰하기 시작했다. 그런 경위로 잭과 헤더도 만났다. 우리가 만난 날은 아주 더웠다. 그들은 무엇을 하려고 그런 모임을 만들었을까?

잭 사건 이후에 원하는 것은 하나, 다시 예전의 나로 돌아가고 싶었을 뿐이에요. 하지만 슬프게도 진실은 우리는 결코 그 사건 전의 나로 되돌아가지 못한다는 겁니다. 우리는 다시는 전과 같은 사람이 되지 못했어요.

헤더 우리에게는 저마다 트리거 포인트가 있어요. 콜럼바인에 돌아간 지 1년이 되었을 때 화재경보기 소리를 듣고 울음을 터트렸어요. 사건이 나던 날 학교에 세 시간 동안 갇혀 있었는데 세 시간 내내 화재경보가 울렸어요. 그리고 나서 1년이 지났는데도 나는 울음을 멈추지 못했어요. 그 뒤로도 우리는 7월 4일 독립기념일의 불꽃놀이만 봐도, 폭죽만 터져도, 테마파크에서 큰 소리만 나도 공포에 떨어요.

잭 며칠 전에도 친구랑 둘이 있다가 천둥이 치니까 의자에서 뛰어내려서 숨을 곳을 찾았어요. 같이 있던 친구도 콜럼바인 생존자였어요. 단순히 천둥이 치는 것만으로도 조금 전까지 강아지랑 놀던 방의 분위기가 바뀌어버려요. 천장에서 뭐만 떨어져도 바닥에 엎드려요. 심장이 뛰고 땀이 나고 꼭 총격전 현장에 있는 것처럼 느껴져요. 그럼 그때부터 불안과 자책이 시작돼요. 20년이 지났는데 나는 왜 이러는 거야? 사람들도 묻습니다.

"아직도 그래?"

헤더 우리는 총을 쏘는 장면이 나오는 영화를 보지 못하고 스릴러 소설을 읽지 못하고 즐거운 비명 소리가 들리는 놀이공원에 가지 못해요. 이 모든 게 우리가 비명을 지르고 도망가던 때를 생각나게 해요.

잭 한번 그런 일이 생기면 아무것도 할 수 없고 그냥 어떤 생각들에 사로잡히게 돼요. 그렇다고 이 동네에 운전해서 갈 수 있는 정신건강클리닉이 있는 것도 아니고 생존자들이 마음 놓고 이용할 수 있는 무료거나 비용이 저렴한 병원이 있는 것도 아니에요. 상처는 절대 쉽게 치유되지 않고 불쑥불쑥 튀어나오는데 도움받을 곳은 없고. 결국 우리는 우리 같은 사람들을 위한 뭔가가 필요하다고 생각하게 되었어요.

헤더 오로라 극장 피해자들은 정말 가까운 곳에 있었어요. 여기서 길 따라 쭉 가면 오로라가 나와요. 오로라에 총기 사건이 난 날, 우리는 다시 한번 희생자가 된 듯한 기분을 느꼈어요. 다시 공포스럽고 다시 한번 크게 정신적 외상에 시달렸어요.

잭 슬프게도 콜로라도주는 트라우마의 고향이란 게 진실입니다. 그렇지만 그날 공포를 느끼는 와중에도 마음속에 다른 생각도 있었어요. 언제까지나 불안이나 무력감에 짓눌리고 싶지 않다. 언제까지나 불안이나 무력감이 계속 나를 때리도록 놔둘 수 없다. 언제까지나 트라우마에 시달리고 있다고 나를 설명하고 싶지 않다. 무력감이 나 자신을 규정짓게 하고 싶지 않다. 그런 생각들요. 그래서 갔고 그래서 돕고 싶다고 했어요.

헤더 그렇게 말하면 주위 사람들이 물어요. "자격증이라도 있어?" 자격증은 없어요. 하지만 다른 게 있어요. 우리는 고등학교 졸업식 날 기쁘려고 애썼지만 하늘에는 선정적인 기사를 쏠 준비가 되어 있는 언론사의 헬리콥터가 쉴 새 없이 날아다녔어요. 졸업식 내내 그 헬리콥터 소리가 사라지지 않았어요. 우리는 졸업식이니까 기쁘려고 애썼지만 죽은 아이의 엄마가 졸업장을 대신 받으려고 온 모습을 보자 죄책감을 느꼈어요. 아예 걷지 못하게 돼 휠체어를 탈 수밖에 없게 된 친구도 두 명 왔는데 그것만큼 우리가 겪은 일을 적나라하게 보여주는 몸도 없었어요. 죽거나 다친 아이들을 생각하면 우리가 살아남았다는 것이 그렇게 가치 있는 일이란 생각이 들지 않았어요.

우리는 끔찍한 일을 겪었지만 그래도 어떻게든 최선의 의미를 끌어내자, 그런 말들을 서로 했지만 당시엔 그게 무슨 말인지 알지 못했어요. 우리가 겪은 끔찍한 것 중에 이야기할 가치가 있는 게 무엇인지 알 수가 없었어요. 그런데 점점 알게 되었어요. 내가 심리치료를 할 수 있는 학위나 자격증을 가진 것은 아니지만 나는 내 인생에 일어난 일에 관한 한 전문가예요. 나는 총기 사건 트라우마가 무엇인지 알고, 갑자기 불안이 엄습할 때 무엇을 해야 하는지 알고, 무력감이 뭔지 알고, 어떻게 한 발 한 발 더 나아가야 하는지 알고, 결국 우리가 어떤 말을 해야만 하는지 알아요.

잭 당시에 크게 모욕을 느낀 일이 있어요. 우리가 어떻게든 모든 것을 잊고 씩씩하게 살아내고 대학에 진학해서 공부할 생각을 불태워보려고 할 때, 어른들에게 "기분 어때?"라는 말을 그만 듣고 싶어 할 때, 언론의 구경거리가 그만 되고 싶어 할 때, 영화배우 찰턴 해스턴이 전미총기협회와 함께 콜로라도에 왔어요. 그는 "콜럼바인에서 벌어진 총기 비극이 나를 포함한 정직한 총기 소유자들이 공모한 일입니까, 이 얼마나 어처구니없고 모욕적인 일입니까"라고 연설했는데요, 진짜 모욕을 느낀 것은 우리였어요. 그 말은 총기를 그냥 두겠다는 말이고, 우리에게 또 똑같은 공포에 시달리면서 살라는 말처럼 들렸어요. 그런데 사실 우리도 그렇게 살려고 했습니다. 자꾸 생각하지 말자, 이러면서요. 하지만 과거로 돌아가려고만 할 때 빠지는 함정이 있었어요. 우리에게 크게 나쁜 영향을 미친 것이 바뀌지 않는 한 계속 우리는 그 영향 아래 있게 돼요. 콜럼바인 사건은 사실상 총기에 관한 한 아무것도 바꾸지 못했습니다.

헤더 오로라 사건 생존자들을 만나면서 다른 총기 사건 생존자들도 만나고 모임을 확대하기 시작했어요. 우리는 맨 처음에는 트리거 포인트들을 이야기했어요. 그러면 "오, 당신도? 나랑 똑같네요" 같은 이야기들이 나와요. 언론이 한바탕 휩쓸고 지나가면 우리들만 남아요. 그럼 우리들은 이 큰 사건을 개인으로 혼자 겪어내야 돼요. 세상은 우릴 잊고 변하는데 우리는 그 일에 갇혀 있어요. 우리는 계속 악몽을 꾸고 계속 소리 지르고 울어요. 벗어나야 한다고 하지만 잘 안 돼요. 그런데 우리가 겪은 이야기들을 나누면서 우리는 외롭지 않았어요. 우리가 서로 이해받는다고 느꼈으니까요. 그렇게 각자 자신을 이해하는 과정이 있었어요. 트라우마는 우리의 일부분이에요. 우리가 받은 충격은 백 퍼센트 사라지지 않아요. 그냥 조금씩 앞으로 걸어 나갈 수 있을 뿐이에요. 사실 지금도 힘들지만 더 이상 몇 년 전처럼 끔찍한 상태로 머물러 있지는 않아요.

잭 점점 더 많은 총기 사건의 생존자들이 우리를 찾고 발견하고 우리에게 와요. 나는 다른 사람에게 힘을 주려고 하면서 힘을 얻는다는 것을 알았어요.

목소리, 이름, 우리, 인생의 전문가

헤더 내가 좋아하는 작가인 마거릿 애트우드의 말 중에 "우리가 가진 것은 목소리뿐All I have is a voice"이라는 말이 있어요. 이 말은 내게 중요해요. 나는 사회의 통념대로라면 전문가가 아니지만 아까 말한 대로 내 인생에 일어난 일에 대해서는 전문가예요. 우리는 알아야 하고 솔직하게 말해야 해요. 우리에게 무슨 문제가 있는지. 문제를 문제로 알아야 문제를 풀 수 있어요.

잭 생존자들을 위한 의료보험이 필요하고 지금 즉시 총기 규제가 필요하다는 것도 우리들의 목소리예요.

헤더 어떤 사람들은 총이 있어야 안전하다고 하지만 우리는 우리가 같이 있는 곳이 안전한 곳이라고 생각해요. 심리적인 지지대가 있어요. 고독은 우리가 믿고 말할 만한 사람이 없다는 것이잖아요. 하지만 여기서는 누구나 솔직하게 우리가 살아온 시간 동안 무엇을 할 수 있고 할 수 없었는지 말해요. 사실 불꽃놀이 좀 즐기지 못하면 어때요? 단지 그런 것을 솔직하게 말하지 못한 거죠. 믿고 말할 안전지대가 있어야 앞으로 나아갈 수 있어요.

잭 특히 가장 나쁜 것은 비교예요. 비교는 내가 수년간 해온 일입니다. 비교는 내가 수년간 약해져 온 방식이에요. 2012년에 샌디훅 초등학교에서 총기 사건이 났어요. 그때 여섯 살에서 일곱 살 사이 어린아이 스무 명이 죽었어요. 그때 저는 아기들이 죽었는데, 상처 하나 입지 않고 제 발로 걸어 나오고도 징징대는 너는 뭐냐고 하면서, 그래도 내가 낫다 등등 아무 의미 없는 비교만 하고 있었어요. 우리는 공통의 아픔을 가지고 있을 뿐이에요.

헤더 고등학교를 졸업하고 대학을 딴 데로 갔는데 포기했어요. 외로웠어요. 내 경험이란 게 말하기가 어려워요. 여기로 와서 10년 동안 웨이트리스로 일하다가 공부를 다시 시작해서 교사가 되었고 지금 6년째인데 내 일을 사랑하고 내 아이들을 사랑해요. 학생들이 안전할 세상을 늘 머릿속으로 생각해요. 나는 학생들에게 내가 겪은 일을 솔직하게 다 말해요. 솔직한 이야기가 아이들에게 도움이 된다고 느껴요. 나는 이 나라에서는 학교 총기 사건 같은 일이 생길 수 있다고 알려줘요. 만약 그런 일이 생긴다면 어떻게 해야 할지 그때의 안전 수칙도 말해줘요. 그런 일이 생기면 어떻게 학생들을 안전하게 보호할지도 항상 생각해요.

게다가 우리 학생들은 내가 상상할 수도 없는 도전을 겪어내야 해요. 내 학생들 중에는 난민도 있고 이민자도 많고 아주 어렸을 때 국경을 넘어 부모와 강제로 떨어져 지내는 애들도 있어요. 어떤 아이들의 나라는 내전 중이고요. 내가 겪거나 보지 않은 일들을 벌써 겪고 본 아이들이 있어요. 그래서 아이들이 알기를 바라요. 우리 그리고 우리가 사랑하는 사람에게 벌어지는 일들을 알아야 극복하려고 노력할 수 있어요. 어쩌면 극복은 틀린 말이겠죠. 그러나 트라우마나 슬픔 속에서도 자기 삶을 살 수는 있다고 말해줘요. 내가 힘을 내면 아이들도 힘을 낼 수 있다고 믿고 있어요.

잭 사실 이상한 말이지만, 뭐라고 표현하기 힘든데 나는 트라우마가 아주 싫지는 않아요. 덕분에 나는 훨씬 관대한 사람이 되었고 인간에 대해서 다른 방식으로는 배울 수 없는 것을 배웠어요. 트라우마는 우리를 묶어주는 피 같은 거예요. "배고프면 선택의 여지가 없다Hunger gives you no choice"라는 말이 있어요. 헤밍웨이의 말인데요. 우리는 정말 선택권이 없었어요. 우리에게 꼭 필요한 것을 우리가 만들 수밖에 없었어요. 만들고 나서 '아, 이것이 우리가 원했던 것이구나' 알았어요. 레벨스 프로젝트는 어둠에서 온 빛이에요. 그 빛은, 내 삶이 괜찮다는 느낌이에요. 네, 나는 내 삶이 괜찮아요.

그들의 말에 '목소리'라는 단어에 관한 중요한 내용이 거의 다 들어 있다. 잭과 헤더의 말을 좀 더 부연 설명해보겠다.

그들에게 자기 목소리를 낸다는 것은 자신의 독창성을 입증하고 탁월함을 알리기 위한 것이 아니었다. 그들은 무력감으로 자신을 규정하기를 거부했고 그렇게 피해자로 머물기를 거부했기 때문에 입을 열었다.

  그들이 목소리를 내고 처음 한 것은 이름 붙이기였다. '레벨스 프로젝트'라는 이름은 레벨스 언덕에서 놀고 먹고 쉬고 로키산맥을 바라보았던, 그러나 결국은 피에 젖은 채 도망쳐 언덕에서 학교를 돌아보았을 콜럼바인 생존자들에겐 현실이 만져지는 단어였을 것이다(또 다른 피해자들이 만든 이름들도 공통의 경험을 가진 사람에게는 각별한 의미가 있을 것이다). 이름은 우리 몸이 어떤 행동을, 창조적 행동을 시작했음을 가리키는 단어다. 지옥으로 내려가는 것은 쉽지만 방향을 바꿔 지옥에서 올라오는 것은 어렵기 때문에 이름을 붙여야 한다는 말이 있다. 이름을 붙여서 하고자 하는 바를, 살고자 하는 바를 명백히 하지 않으면 상황은 저절로 개선되지 않는다는 말이다. 이때의 이름은 한 사람의 존재 이유가 된다(어슐러 K. 르 귄은 『어스시의 마법사』에서 마법사의 능력은 다른 사람의 이름을 알아보는 것이라고 했다. 마법사의 힘도 자신의 진짜 이름에서 나온다. 주제 사라마구의 『이름 없는 자들의 도시』의 서두에 인용된 문장은 이렇다. "너에게 붙여진 이름은 알아도 네가 가진 이름은 알지 못한다").

총기 사건이 터지고 몇 달 후 콜럼바인에 신입생이 들어오자 교장은 학생들에게 말했다.

"신입생들은 여러분을 이해하지 못합니다. 여러분의

고통을 견디지 못합니다. 그들을 도와주세요."

이미 극심한 외상 후 스트레스 장애를 앓고 있던 학생들에게 교장선생님의 말은 어처구니없었을지 모른다. 이미 자기 문제로도 충분히 힘든데 무슨 힘이 남아돌아 누구를 돕는단 말인가? 하지만 대부분의 학생이 교장의 말을 따랐다. 교장의 생각은 옳았다. 누군가를 도울 수 있다면 살 수 있다. 잭의 말대로 힘을 주면서 힘을 얻는다.

콜럼바인 고등학교에서 다시 수업이 시작되던 날, 모두 하얀 티셔츠를 입었다. 티셔츠는 앞에는 '우리는', 뒤에는 '콜럼바인'이라고 써 있었다. 에릭의 일지에 단 한 번도 등장하지 않은 단어가 있었다. 바로, 흰 티셔츠의 앞에 써 있던 '우리'였다. 에릭이 결코 염두에 두지 않았던 삶, 딜런이 되고자 했으나 결코 돼보지 못한 것. 하지만 잭과 헤더가 창조한 것, '우리'였다.

세상은 서로의 차이를 서럽도록 강조하고 우리는 서로를 결코 이해하지 못하고 그사이에 시간은 오싹할 만큼 창백하고 차갑게 흘러가지만, '우리'가 될 수 있다면 많은 것이 달라진다. 타인은 힘겨운 지옥일 수도 있지만 그러나 언제나 고독을 뚫고 나오게 하는 것 또한 타인의 존재다. 사실 우리가 눈물 흘리는 것도 우리가 혼자라고 생각해서 아닌가? '우리'가 되면 내게 일어난 많은 일은 내게만 중요한 일이 아니게 된다. 한때 혼자서만 슬퍼했던 경험이 공통의 경험이 된다. 거기서 나는 내가 아닌 척할 필요가 없다. 훨씬 더 이상적인 나인 척할 필요도 없다. 아무 일도 겪지 않은 것처럼 행동할 필요도 없다. 거기서 내가 누군가를 환영한다면 나 자신도 환영하는 것이다. '우리'는 (혼자일 때는 드러나지 않았던) 저마다의 숨겨진 힘을 보여줄 수 있는 단어다. 우리는 '우리' 안에서 자신의 가치를 발견한다. 나누고 도움이 될 만한 것이 자신에게도 있다는 것을 알게 되기 때문이다. 나에게 도움이 되었던 것은 타인에게도 도움이 될 수 있기 때문이다. 목소리를 나누는 것이 치유인 이유는 내가 존재하는 데는 이유가 있다는 생각을 할 수 있기 때문이다. 우리는 '우리' 안에서 내가 왜 이 일을 겪었을까 잠시나마 이해 비슷한 것에 이르기도 한다. 우리는 '우리'라는 단어 안에서 혼자일 때조차 혼자가 아닐 수 있다. 혼자일 때조차 함께 있게 된다. 만나서 말해줄 사람이 있으니까.

"한 발 한 발 앞으로 나아간다"는 말은 매번 거의 같은 정도의 무력감에 시달렸다는 말이다. 그래도 믿을 만한 관계 속에서 한 발 한 발 나아갔다는 말이다(그래서 『반지의 제왕』에서 호빗들은 함께 떠난다. "혼자서는 떠나지 마십시오. 믿을 만한 친구와 함께 떠나세요"). 믿을 만한 관계는 다음 걸음을 내딛는 계기가 된다. 이럴 때 인간관계는 현실에 존재하는 힘이고 누군가 힘이 있다는 것은 그 사람이 혼자가 아니기 때문이다.

"어둠에서 온 빛"이라는 말은 어둠 속에서, 침묵 속에서, 고립 속에서, 고독 속에서 빛나는 생각 하나가 태어났다는 말이다. 어떤 빛나는 말이 있어도 그것의 고향은 어둠이라는 뜻이다. 마거릿 애트우드의 말을 빌리면 이야기는 암흑 속에 있다. 지하 세계는 어마어마한 비밀을 숨기고 있고 당신이 갖고 싶어 하는 모든 비밀이 거기 있다. 지하 세계에는 이야기가, 아니 꽤 많은 이야기가 감춰져 있다는 것이다. 안다는 것은 고통을 외면하지 않고 눈감지도 않고 직시하고 겪어내는 중이라는 뜻이다. 무엇을 아는지 알고 있다면 무엇을 해야 하는지도 알 수 있다.

"우리가 가진 것은 목소리뿐"이란 말은 아무 말도 하지 않으면 다른 가능성은 없다는 뜻이다. 목소리를 내는 사람이 없다면 아무리 큰 비극적인 일을 겪어도 그 비극에서 아무것도 만들어내지 못한다. 그러나 함께 목소리를 내는 사람이 있다면 이야기는 달라진다. 그때부터 고민은 에이드리언 리치가 표현한 것처럼 "우리가 필요한 것을 만들기 위해서 우리가 가지고 있는 것을 어떻게 쓸 것인가?"가 된다.

모든 고통스러운 사람들은 지금 겪는 일이 일시적이기를 바란다. 이 상태가 계속될 것이 아닐 수 있다는 데에 그들의 희망이 있다. 그들은 우리가 이 말을 하지 않으면 어떻게 될 것인가 묻는다. 우리의 목소리로 이 사회의 무엇을 문제 삼을 것인가를 묻는다. 필요한 것이 현실에 없다면 만들어야 한다. 현실, 현실, 현실. 하지만 우리도 현실을 만들어낼 수 있다. 언제나 중요한 질문은 이것이다. 당신은 당신 목소리로 무슨 변화를 만들었는가? 당신 목소리로 무엇을 가능하게 했는가? 과연 우리가 그런 엄청난 일을 해낼 수 있을까? 해낼 수 있다. 눈만 뜨면 소비자로 살아가느라 바쁜 우리가 까마득하게 잊고 있는 것은 우리가 만드는 존재, 창조적인 존재란 점이다. 창조적인 과정에 있을 때 우리는 자신이 가지고 있는 줄도 몰랐던 힘을 발견한다. 그리고 우리는 우리에게 필요한 것, 우리에게 해가 되지 않는 것, 우리에게 도움이 되는 것을 만들 수 있다. 이것이 헤더가 말한 "나는 내 인생의 전문가"란 말의 의미다. 잭과 헤더는 어둠을 창조적으로 이용했고 무력감을 뚫고 삶을 살아볼 가치가 있는 것으로 만들었다. "슬픔 속에서도 자기 삶을 살 수 있다"는 말은 슬픈 일을 겪었지만 자기 삶을 소중히 여긴다는 말이다. 이것이 좋은 이야기다.

우리 안에도 목소리가 되길 원하는 것이 있을 것이다. 오늘 당신의 목소리 또한 누군가가 기다리던 바로 그 목소리일 수도 있다. 오늘 당신의 목소리는 내일 누군가에게 출구가, 미래가 될 수 있다. 당신의 목소리를 기다리던 것은 우리들의 고독이다. 나의 고독이 너의 목소리를 기다렸다.

그런데 사건이 발생한 지 20년 가까이 흐른 뒤 전혀 뜻밖의 목소리가 터져 나왔다. 이 이야기에는 말없이 조용히 사라져야 할 운명인 사람들이 있었다. 우리는 그들의 마음에 대해서라면 상상하기를 주저한다. 그들을 '우리'라고 불러야 할지 망설여진다. 바로 살인자들의 가족이다. 딜런의 장례식 모습은 이랬다.

에릭과 딜런이 죽어버렸기 때문에 분노는 아이들의 부모들을 향했다. "대체 부모가 애들을 어떻게 기른 거야?", "뭐 하는 사람이야, 당신은?" 무덤이 훼손될 것을 우려한 두 가족은 아이들을 묻을 수 없었다. 딜런의 장례식에는 아주 소수의 사람들만 참석했다. 딜런의 부모가 다니던 교회 목사는 이렇게 말했다.

"그들은 아들을 잃었습니다. 그런데 아들은 살인자입니다. 그들은 세상에서 가장 외로운 사람입니다."

딜런의 형 바이런은 이렇게 말했다.

"부모님과 저를 위해 여기 와주신 모든 분께 감사하다는 말씀을 드리고 싶습니다. 저는 제 동생을 사랑합니다."

가슴 찢어지는 말이다. 딜런의 엄마 수 클리볼드는 일평생 딜런을 사랑하고 생각했다. 그녀는 우울, 자살, 살인, 이 모든 것에 대해 알고 싶어 했다. 그리고 모든 사람이 그녀에게 물었던 것, "당신 대체 뭐 하는 사람이야. 애를 어떻게 기른 거야?"라는 질문을 스스로에게 혹독하게 던지면서 살았다. 일생에 걸친 고뇌와 고통 끝에 나온 그녀의 목소리는 이것이었다.

"사랑만으론 부족합니다. 우리는 알아야 합니다. 우리가 사랑하는 사람의 내면에서 벌어지는 일을."

그녀는 사랑하는 사람을 지키기 위해서는 사랑만으로는 부족하다는 말, 오로지 그 말을 하기 위해서 엄청난 용기를 내야 했다. 침묵이 아니라 그 말을 하는 것이 그녀의 운명이었다.

헤더와 수는 같은 결론에 도달했다. 우리는 알아야 한다, 우리에게 꼭 필요한 것이 무엇인지를. 우리는 알아야 한다, 우리에게 그리고 우리가 사랑하는 사람에게 무슨 일이 벌어지고 있는지를. 이 앎이 아쉽고 소중하다. 너무 늦게 알게 되기 때문에 아쉽다. 그래도 알아낼 수만 있다면, 어렴풋하게라도 이해에 도달하게 된다면 그다음엔 어떻게 살 것인가, 무슨 말을 나누면서 살 것인가라는 질문과 연결될 수 있다. 이 앎이 꼭 필요한 일을 찾아내서 하게 한다. 그래서 먼저 겪고 알게 된 사람들의 목소리가 소중하다. 반복을 두려워하고 반복을 피하려 하고 미래의 관점으로 상황을 보면서 변화를 원하는 사람들의 목소리가 소중하다.

그 뒤로 한국에서도 '인생의 전문가'라는 말을 여러 번 들었다. 대체로 아주 슬픈 일을 겪은 사람들에게 들었다. 결코 우연이라고 생각하지 않는다. 그들이 입을 여는 유일한 이유는 그들의 슬프고 불행했던 사랑으로 알게 된 것이 있기 때문이다. 우리는 그들에게 들을 것이 있고 배울 것이 있다. 그들은 삶이 파괴되어봤기 때문에 삶이 얼마나 소중한지 안다. 셰익스피어의 말을 빌리자면 "내일 전쟁터에서 나를 생각하라"다. 미래가 변하길 원할 때 가장 잘 들을 수 있다. 가장 잘 볼 수 있다.

목소리, 이름, 우리, 인생의 전문가

우리가 가진 모습 중 가장 좋은 모습이 미래가 변하길 원한다. 우리는 가장 좋은 모습으로 미래를 맞이할 수 있다.

삶은 계속되어야 하고 세상은 변해야 하고 우리는 사랑할 줄 알아야 한다. 우리는 계속 말할 것이다. 위험에 처한 생명에 대해서. 살고 싶게 만드는, 사랑하고 싶게 만드는 세상의 모습에 대해서. 각자가 숨기고 싶었던 어둠을 뚫고. 그리고 우리가 서로 더 잘 듣고 더 잘 말하고 더 잘 알게 되면 확실히 이 세상에 위안과 아름다움은 존재할 것이다.

이제 우리 이야기의 마지막 질문이 남아 있다. 당신 삶의 이야기는 누가 말하고 있는가? 혹시 역사가? 혹시 시스템이? 혹시 상황이? 혹시 부동산 시장이? 내가 가진 것이? 나 아닌 누가 나 대신 나를 말하고 있는가? 혹시 당신 목소리를 잃었다면 그 대가로 얻은 것은 무엇인가?*

---

* 콜럼바인 고등학교 총기 사건에 관한 내용은 10년에 걸쳐 콜럼바인 사건을 취재하고 정리한 미국의 저널리스트 데이브 컬런의 역작 『콜럼바인』(장호연 옮김, 문학동네, 2017)과 수 클리볼드의 테드 강연(youtube.com/watch?v=fDkNO2vy9TY)을 참고했다.

나의 단어,

시와 운명

돌고래, 아더 사이드, 스틸 뷰티풀

돌고래, 아더 사이드, 스틸 뷰티풀

'나는 잘못 살았구나!'

그 느낌이 얼마나 쓰라리고 가슴 철렁한 것인지 안다. 그리고 내가 잘못 산 여파로 남에게 준 상처가 얼마나 후회되는 일인지도 안다. 그런 일들을 몇 번 겪었다. 지금도 나의 일부는 분명히 잘못 살고 있을 것이다. 그것이 무엇인지는 나중에야 또 알게 될 것이다. 그때가 되면 '아, 그때 그렇게 했어야 하는데……' 하며 말도 못하게 괴로울 것이다. 다만, 그 괴롭고 후회스러운 일들에 이어지는 다른 이야기가 나에게 없지는 않다.

어느 해, '정말 잘못 살았구나' 하는 깨달음이 또 왔다. 내가 잘해나가고 있다고 착각했기 때문에 추락은 깊었다. 그냥 아무 데로나 며칠간 떠나 있고 싶었다. 그 아무 데로 고른 곳이 필리핀의 보홀이란 섬이었다. 여행을 떠나기 직전에야 보홀에서 야생 돌고래를 볼 수 있다는 것을 알았다. 아무리 슬퍼도 돌고래는 보고 싶었다. 보홀에 도착한 날 나를 돌고래에게 데려다줄 안젤라를 만났다.

"나는 안젤라, 필리핀의 안젤리나 졸리예요."

무척 무기력했던 나의 반응은 이랬다.

"네, 그럼 필리핀의 브래드 피트도 알겠네요?"

내가 만났을 때 막 60대에 접어든 안젤라는 활력이 넘쳤다. 그가 일평생 그랬던 것은 아니었다. 그의 전 직장은 은행이었다. 은행에서 일할 때 그는 자신이 문을 꽤 자주 바라본다는 것을 알았다. '지금 저 문밖으로 나가버리면 어떤 일이 생길까? 애가 여섯이나 있는데.' 그때마다 꼭 속으로 이렇게 덧붙였다. '나는 맞지 않는 일을 하고 있는 거야.'

그는 자신이 낯선 행진곡에 발을 맞추는 군인처럼 우스꽝스럽게 걷고 있다고 느꼈다. 그는 수시로 자신이 좋아하는 것을 꼽아보곤 했다. 늘 첫째로 꼽은 것은 제인 오스틴이었다. 그는 제인 오스틴에게는 속물들을 멋지게 놀리는 능력이 있다고 생각했고 그것이야말로 자신이 죽기 전에 꼭 배우고 싶은 것이라고 생각했다(그에게도 골려주고 싶은 사람이 몇 명 있었다).

"또 뭘 좋아하세요?"

그의 대답을 대략 정리하면 이렇다.

바닷가에서 수영하는 것보다 수건 깔고 책 보는 것을 좋아한다.
그때 바구니에 콜라보다 맥주가 있는 것을 좋아한다.
맥주보다 파파야가 있는 것을 더 좋아한다.
퇴근길에 새와 개들에게 인사하는 것을 좋아한다.
어려서 할아버지가 알려준 '슈퍼내추럴supernatural'이라는 단어를 좋아한다.

"슈퍼내추럴요?"
나는 그녀에게 되물었다. 그의 할아버지는 어린 아가였던 안셀라에게 반딧불이를 보여주면서 그 단어를 말했다. 그때 할아버지는 '매지컬magical'이란 단어도 같이 썼다.
"보홀에 반딧불이가 많아요?"
"어렸을 때는 반딧불이가 코코넛 나무마다 앉아 있었어요."

안젤라는 할아버지에게 그 단어를 들은 이후로, 줄곧 자신이 뭔가 설명이 불가능한 것, 마술적으로 아름다운 것을 좋아해왔다는 것을 깨달았다. 은행에 다닐 때는 그

욕구를 탐정소설을 읽으면서 해소했다(내가 들은 탐정소설을 읽는 이유치곤 가장 독특했다). 그는 둘째 딸이 대학에 들어갔을 때 은행을 박차고 나왔다. 그리고 기이하게 아름다운 곳을 소개하는 여행 가이드가 되기로 결심했다. 내가 안젤라를 만나게 된 경위다.

나는 다음 날 새벽 5시쯤 호텔을 나와서 바다로 갔다. 매사에 최소한의 관심만 유지하고 있던 나는 이름도 모르는 바다로 가서 안젤라가 소개해준 마리오를 만났다.

마리오는 '운명호Destiny'의 선장이었다. 눈이 바다처럼 깊은, 아름다운 중년 남자였다. 허름한 옷을 입었어도 뱃전에 서서 머리카락을 날리는 그에게는 아시안 노동계급의 포세이돈 같은 위엄이 있었다. 벌써 안젤라가 좋아하는 탐정소설의 초반부 분위기가 물씬 나지 않는가? 내가 배에서 사라지기만 하면 완벽할 것 같았다.

"돌고래를 볼 수 있을까요?"

마리오는 그것은 알 수 없는 일이라고 했다. 돌고래를 볼 가능성은 그날의 날씨와 바다의 상태, 돌고래 마음에 달려 있다고 했다. 바다에서 인간은 기다릴 뿐이라고 했다. 운명호가 한참을 달린 뒤에 마리오는 "선라이즈!"라고 말하면서 하늘을 가리켰다. 선라이즈라고? 귀가 번쩍 트였다. 나는 빛이 어둠을 뚫고 올라오는 것을 절대

놓치고 싶지 않았다. 그것을 보면 나의 어두운 자아도 힘을 내보려고 애쓸 것만 같았다.

아침은 결코 잔잔하게 시작되지 않았다. 빛은 구름 속에서 힘겹게 꿈틀꿈틀 요동치며 나왔다. 시간이 흐를수록 주위는 빛의 세례를 받아 점점 더 선명해졌다. 오로지 내 마음의 어둠만 그냥 어두운 채로 있었다. 그런데 어두운 문제가 하나 더 있었다. 돌고래가 보이지 않는 것이었다. 해는 벌써 발랄한 에너지를 내뿜고 있는데······. 돌고래는 이런 날씨를 좋아하지 않는 걸까? 왜 나오지 않는 걸까? 나는 속으로 돌고래를 볼 수 있을 리가 없다고 생각했다. 그렇게 엄청나게 좋은 일이 나에게 일어날 것 같지 않았다. 그런데 어느 순간 갑자기 마리오가 배의 속도를 높이기 시작했다.

돌고래를 기다리던 다른 배들도 모두 운명호를 따라왔다. 마리오는 아무 말 없이 바다를 꿰뚫어버릴 듯이 바라보고 있었다. 말을 걸기도 힘든 포스가 그의 등판을 뚫고 쏟아져 나왔다. 나도 마리오가 응시하는 쪽을 봤다. 내 눈에는 파도 말고는 아무것도 보이지 않았다. 그런데, 잠시 후 뭔가 얼핏 보이는 듯했다. 화살 정도 길이의 수직의 빛이 수평선 위로 나타났다. 그 빛은 아주 잠깐 나타났다가 순식간에 사라졌다. 내가 잘못 봤나 싶어서 고개를 갸우뚱하는 순간 다시 빛이 보였다. 비록 찰나에 불과하지만 분명히 수직의 빛이 바다 위에 있었다. 그런 빛을 서너 번 목격했을까 싶은 순간, 갑자기 돌고래 한 마리가 바닷속에서 파도를 가르고 솟구쳐 올라왔다. 순식간이었다. 나는 환호성인지 비명인지 모를 외마디 소리를 질렀다. 갑자기 눈물이 핑 돌았다. 돌고래를 기다리던 다른 배에서도 환호성이 터져 나오는 것이 들렸다. 그날 아침 나는 돌고래를 세 번 봤다. 처음에는 한 마리, 두 번째는 서너 마리, 세 번째는 더 많이(여섯 마리인지 일곱 마리인지도 모를 정도로 너무 빨리 지나갔다). 두 번째 무리 중에는 작은 아가 돌고래도 있었다. 바다에서 오직 '살아 있는 것들'만이 만들어낼 수 있는—죽은 생명이 아직 살아 있는 것들을 눈물 흘리며 부러워할 만한 단 한 가지 일인—생명의 약동 같은 장면이 펼쳐지고 나는 마치 그것을 꿈결에서 본 것만 같았다.

돌고래와 헤어진 후 마리오는 우리를 파밀라칸이라는 작은 섬에 데리고 갔다. 섬에서 간단히 식사를 하고 오후의 수영을 즐기라는 뜻이었다. 파밀라칸은 관광객을 위해서 본격적으로 개발되지는 않은 섬이었다. 탈의실이나 샤워실도 없었다. 수영복은 커다란 바위 뒤에 숨어서 알아서 갈아입으면 된다. 나도 엉거주춤한 자세로 바위 뒤에서 옷을 갈아입었다. 그때 뿔 달린 노란 눈의 염소가 다가왔다.

"저리 가. 보지 마."

나는 손을 흔들면서 염소를 쫓아내려고 했지만 염소는 나에게 풀이 있는 자기 자리를 양보할 마음이 없었다. 할 수 없이 나는 고집쟁이 염소를 발로 견제하면서 옷을 갈아입었다.

마을 아낙들은 섬 입구에서 바다에서 건져 올린 고래나 돌고래 같은 바다 포유류의 뼈로 만든 팔찌와 목걸이를 팔고 있었다. 파밀라칸은 오래전에는 고래 사냥을 하던 곳이었지만 내가 갔을 때는 고래 관광으로 방향을 바꾼 지 몇 년 된 듯했다.

나는 바다에 들어갔다가 금세 나왔다. 그리고 돌고래 생각을 했다. 그때 내가 본 것은 뭐였을까? 무엇을 보았길래 눈물이 났을까? 수천 년 동안 인간이 경이로움을 느낀 그 생명체가 바로 내 눈앞에 나타나서인가? 그것이 무엇이길래 아직도 내 가슴은 뛸까? 내 눈에 돌고래는 돌고래라면 마땅히 그래야만 하는 모습 그대로 나타났다. 유선형의 몸통, 바다 저 깊은 곳에서 뿜어내는 듯한 날숨, 유쾌한 도약. 돌고래는 너무나 돌고래여서 다른 물고기와 헷갈릴 수가 없었다. 너무나 돌고래인, 다른 것일 리가 없는 온전한 생명체, 불멸이면 좋겠는 생명체. 그 생명체는 깊고 탁 트인 바다에서 자유롭게, 환희에 가깝게 움직이고 있었다.

한 번이라도 나는 그렇게 온전히 기쁘게 살아 있고, 있는 그대로 존재했나? 가끔 있었다. 드물게 나의 마음에 모순이 없는 순간이, 내가 그냥 나 자신인 투명한 시간이. 그러나 우리는 대부분의 시간, 돌고래처럼 그렇게 '있는 그대로' 자유롭게 존재할 수 없다. 우리는 그렇게 투명하지 않다. 우리는 자기 자신에게조차 불투명한, 어슴푸레한 존재다. 우리 인간은 쓸데없는 것을 많이도 덧붙이는 자아가 있는 존재다. 결국 우리에게는 있는 그대로 존재하는 인간이기를 추구해야만 하는 삶이 주어졌을 뿐이다.

돌고래가 나타나기 전에 나타난 수직의 빛, 그것은 전조였다. 아주아주 슬프고 지친, 절망에 물든 마음은 현실을 이겨낼 전조를 사방에서 찾기 마련이다. 꼬리를 흔드는 강아지, 담벼락의 잡초 한 송이, 마지막 잎새 한 장. 인간의 지친 마음은 모든 것에 도움을 요청한다. 도움을 요청하는 그 마음은 희망이고 희망은 마음속 여러 가지

능력을 끌어내게 도와준다. 그날 수직의 빛이 미리 와서 말해준 것이 바로 그것이다. "돌고래가 나타날지 몰라! 아직 포기하지 말아봐!" 이렇게 우리는 기다림과 인내를 선물받는다. "인간은 아직 자신의 예감에 불과하다. 언젠가 그것이 실현될 것이다"라는 말이 있다. 우리는 좋은 미래를 그려보고 그날을 맞을 준비를 하면서 살아갈 수밖에 없다.

내가 이런 생각을 하고 있는 동안 마리오가 웃으면서 다가왔다. 그는 니모를 봤느냐고 물었다. 나는 니모를 봤고, 이제는 바다거북이 보고 싶다고 했다. 바다거북이 섬 근처에 있다는 누군가의 말이 마음속에 남아 있었기 때문이다. 어떤 단어가 휘발되지 않고 마음속에 남아 생명을 갖게 되는 것은 신비로운 일이다. 마리오는 딱 한 마디만 했다.

"아더 사이드Other side!"

마리오와 나는 다시 운명호에 타고 망망대해로 나갔다. 우리는 오전보다 훨씬 거세진 파도 사이, 검은 잉크색 물결 위를 달리고 달렸다. 물결이 수많은 생명의 상처를 핥아주는 곳을 달리고 달렸다. 마리오는 또다시 바다를 너무나 열심히 바라보았다. 마리오가 나를 그렇게 열심히 바라보지 않아서 다행이라는 생각이 들었다. 만약 그런다면 나의 모든 추함이 햇살 속에서 명명백백 드러날 것 같았다. 그러나 한참을 달려도 아무것도 보이지 않았다. 나는 바다거북을 보지 못해도 상관없다고 생각했다. 이미 돌고래를 본 나는 한나절 사이에 조금 달라져 있었다. 오후의 바다는 파도와 운명호뿐인 것처럼 보였지만 나는 그 단순하고 간결한 풍경 안에 수많은 생명체들이 존재한다는 것을 알게 되었다. 수많은 생명 중 하나에 불과한 나 역시 다른 생명체처럼 오후의 정적 속에 깃들이면 되는 것이었다.

어느 순간 마리오가 손을 들어 운명호가 전진하는 쪽의 왼편을 가리켰다. 뭔가가 있었다. 검은 물살 위에 언뜻 내비치는 검은 바다거북의 등판. 한 마리, 딱 한 마리였다. 거북은 아주아주 열심히 움직이고 있었다. 바다는 까마득하게 넓은데 대체 거북은 그 작은 몸뚱이로 언제야 해안선에 도착할 것인가? 도착한 그곳은 안전할까? 그곳에서 거북이를 기다리는 것은 대체 무엇일까?

나는 그날 바다거북에게 아주 순수한 존경심을 품게 되었다. 그렇게 머나먼 고독의 냄새를 풍기면서도, 그렇게 열심히 살아 움직이고 있기 때문에. 나는 그날 거북이 혼자 있었기 때문에 그의 친구가 되고 싶었다. 당장 검은 등판을 가진 그 거북의 친구가 되고 싶었다. 만약 다른 외로운 것이 있다면 또 그 외로운 것의 친구가 되고 싶었다. 그러나 나는 과연 그만큼 강할까? 외로운 것들을 지켜줄 수 있을 만큼?

다음 날 안젤라가 나를 다시 찾았다.

"반딧불이 보고 싶어요?"

"네. 많이요."

안젤라는 나를 아바탄강으로 데려다줬다. 실망스럽게도 반딧불이보다 모기가 많은 곳 같았다. 그곳의 안내원은 모기에게 그만 좀 먹으라고 짜증을 내는 나를 보고 싱글벙글 웃기만 했다.

"기대하세요. 곧 마법을 보게 될 거예요."

곧은 아니었고 나는 거의 한 시간이나 모기에게 피를 헌납한 뒤에야 강을 거슬러 올라갈 수 있었다. 아주 조용한 밤이었다. 밤은 너무 순수해서 침묵 말고는 그 무엇도 어울릴 것 같지 않았다(밤의 순수함에 대해서 우리는 아무것도 알 수 없기 때문에 도스토옙스키는 『백야』에서 이런 표현을 썼을 것이다. "아름다운 밤이었다. 우리가 젊었을 때만 만날 수 있는 그런 밤이었다").

작은 나무배 위에서 흔들흔들하기를 얼마나 했을까, 갑자기 뭔가가 홀연히 나타났다. 나는 눈앞에 있는 것을 내 눈으로 보고 있으면서도 믿을 수가 없었다. 처음에는 크리스마스를 기념해 만든 모형 성의 지붕인 줄 알았다. 아니었다. 하늘에 세 그루의 거대한 크리스마스트리가 떠 있었다. 내가 살면서 본 그 어떤 크리스마스트리보다 더 크고 황홀했다. 나무에 비교적 가까이 다가가서야 알았다. 나무에 매달린 꼬마전구처럼 빛났던 것은 모두 반딧불이였다. 반딧불이들이 커다란 나무를 감싸고 날고 있어서 나무가 빛에 휩싸인 채 공중에 떠 있는 것처럼 보였던 것이다. 양초 한 자루의 빛을 내려면 반딧불이가 5천 마리 필요하다고 들었다. 그렇다면 내가 본 것은 대체 몇 마리란 말인가? 도대체 몇 마리가 모였기에 저렇게 강력한 빛을 만들어낼 수 있단 말인가? 다시 못 볼 장관이었다. 밤의 침묵 속에, 인간이 만든 비참한 세상 위로 반짝이는 보석들이 날아올라 우리의 닫힌 마음을 휘젓고 있었다.

　배에 탄 다섯 사람은 하나같이 말을 잃었다. 뱃사공을 제외하고는 모두 난생처음 반딧불이를 보았다. 마침내 누군가 입을 열었다. 뱃사공이었다. 스무 살이 갓 넘었을까 싶은 앳된 용모의 청년은 너무 놀란 나머지 정신이 하나도 없는 우리에게 반딧불이에 관해 차분하게 설명해주었다(가령, 반딧불이의 종류, 암컷과 수컷을 구별하는 방법 같은 것 말이다). 그가 말을 하는 동안 그의 머리 위, 어깨, 팔에도 반딧불이들이 날아들었다. 빛 속에 있는 그의 모든 것이 고요하고 기품 있어 보였다. 나는 그에게 어떻게 반딧불이 뱃사공이 되었느냐고 물었다.

"5년 전에 여기 왔는데 그날 처음으로 반딧불이를 봤어요. 너무 아름다웠어요. 여기에서 일하고 싶다고 생각했고 그다음 날부터 바로 일했어요."

"그때부터 줄곧?"

"네, 매일매일."

나는 5년간 매일매일 반딧불이를 보는 느낌이 어떠냐고 물어봤다. 그때 나는 무슨 대답을 기대했던가? 매일 보면 아름다움도 평이해진다는 그런 것이었을까. 나는 기대하는 것이 무엇인지도 모르는 채 그의 입에서 나올 말 한마디를 기다렸다. 그는 반딧불이 한 마리를 잡아 손바닥에 올려놓았다. 작고 완벽한 빛 하나가 그의 손을 그 누구의 손과도 같지 않은 특별한 손으로 만들어줬다. 그의 손바닥에 영혼이 있는 것 같았다. 그의 등 뒤로 검은 강물 소리가 애잔하게 울려 퍼졌다. 그는 나지막하게, 느리게, 또박또박, 마치 나에게가 아니라 반딧불이에게 대답하듯, 가난과 어둠과 별과 빛을 다 가지고 있는 사람의 우아함을 담아 이렇게 대답했다.

"스틸 뷰티풀Still beautiful."

그의 말을 듣는 순간 나는 그것이 행복의 언어인 것을 알았다. 슬픔에 짓눌려 있던 내 안의 무언가가 그의 말에 반응했다. 내가 몰두해 있던 나의 어두운 세계가 아닌 다른 세계가 얼핏 보였다. 아름다움은 슬픔조차도 꿰뚫고 지나는 강력한 힘을 가진 단어고 우리가 다른 세계에 눈을 뜨게 돕는다. 그가 말을 마치자 반딧불이는 무리로 날아올랐다. 마치 피터 팬의 검은 그림자를 들고 날아가는 팅커 벨처럼.

나는 언제 어디서고 그날 밤의 반딧불이와 뱃사공을 쉽게 떠올릴 수 있다(반딧불이가 사라지면 그도 연기처럼 사라져버릴 것만 같은데 내게는 이 생각이 전혀 이상하지 않다). 그날 '돌고래'와 '아더 사이드'와 '스틸 뷰티풀'이라는 말은 나의 '매직'이 되었다. 이 말들은 처음 들은 순간부터 변함없이, 시들시들하고 풀이 죽은 나 자신으로부터 나를 떼어놓고, 보이지 않던 아름다움을 찾아 나서고 싶게 만든다. 이 말들은 내가 힘없이 늘어져 있을 때 반복적으로 나 자신에게 말을 건다. '현실의 다른 측면을 봐봐! 다른 쪽으로 가봐! 가서 여전히 아름다운 이야기를 찾아내봐. 아직 어둠 속에 있는 인간의 목소리,

인간의 가능성에 빛을 비춰봐. 어디서나 아름다움을 찾아낼 수 있잖아!' 누구에게나 시간은 흐르고 그 시간은 되돌아올 수 없다는 것이 진리인 만큼이나 누구라도 일생에 한 번은 아름다운 세계에 눈뜨고 아름다움과 함께 새롭게 시작해야 한다는 것 역시 진리다.

최근 수년간은 이 생각에 의지해서만 초라한 자아를 극복하고 꺾인 무릎을 펴고 길을 나설 수 있었다. 우리는 대부분 무엇을 원하는지도 모르는 채 검은 물살 위에서 이리저리 외롭게 흔들린다. 그래서 '아더 사이드'는 우리 모두의 단어가 될 수 있다. 무엇을 원해야 할지 모르기 때문에 현실의 다른 측면을 보고, 다른 사람들을 보고, 다른 이야기를 들어봐야 비로소 지금과 다른 삶이 가능하다. '아, 난 이것을 원하는구나!' 하고 알게 되는 것은 한 개인의 삶에 일어나는 강렬한 해방적 순간이다.

'스틸 뷰티풀'은 변주가 가능하다. 아무리 많은 일이 일어났어도 아름다운, 슬프지만 아름다운, 덧없지만 영원한, 슬프지만 기쁜. 내 마음의 고독이 찾던 이야기들은 모두 이 말과 관련이 있다. 몇 번이고 곱씹어볼 만큼 아름다운 이야기를 듣던 날들은 사랑스러운 일몰에 대한 기억처럼, 어느 아름다웠던 별이 가득한 밤의 기억처럼 끝없이 떠오르는 마음속 풍경이다. 우리의 어둠을 의미 있게 만드는 것은 아름답고 빛나는 이야기뿐이다.

한 사람의 운명을 알려주는 것은 모두 '시'라는 말이 있다. 그렇다면 내 인생에 거듭 나타나는 이 단어들이 나에게는 시다(그러고 보니 그날 내가 탄 배의 이름도 '운명호'였다). '내가 그날 운명호를 타고 찾아 나선 것은 돌고래였다'라는 짧은 문장 하나가 나에게는 내 운명을 암시하는 결정적인 시고, '아더 사이드', '스틸 뷰티풀'도 모두 시다. 이 단어들에 나의 수많은 현실이 달라붙었다. 나는 이 단어들에 의지해서 일어나지 말아야 할 일이 일어나는 세상, 좋아할 수 없는 일이 가득한 세상, 수시로 등지고 떠나버리고 싶었던 세상의 '조금 다른' 일부가 되는 방식을 겨우 찾아낼 수 있었고 그 단어 안에 나 자신이고 싶은 마음, 나 자신으로만 머물고 싶지 않은 마음, 나 자신보다 더 나은 사람이 되고 싶은 마음, 가슴 아프게 스러지고 마는 세상의 온갖 것에 대한 애타는 사랑을 담으면서 내 삶의 형태를 만들어가려고 노력했다(그날 내가 돌고래를 그렇게 오래 생각했던 이유를 아주 많은 시간이 흘러서야 깨달았고 문장으로 표현할 수 있게 되었다. 돌고래를 보자 내 가슴속에 꿈 하나가 애절하게 생겨났던 것이다. '나도 내 삶의 형태를 가지고 싶다'). 지금은 내 단어들이, 내 꿈이 나보다 훨씬 낫다. 앞으로도 이 단어들에 의지해서 한 걸음 한 걸음 더 가볼 수밖에 없다.

우리의 운명을 어렴풋이 발견하게 해주는 것이 모두 시적인 것이라면, '시란 무엇인가'는 '인간은 무엇이 될 수 있는가'와 같은 질문이다. 나는 최근에 내 운명을 그 안에 담아놓고 싶은 시를 또 한 편 발견했다. 메리 올리버의 「목줄」이라는 산문시인데 대략 이런 내용이다.

미국에 사는 메리 올리버라는 시인의 집에 어느 날 아침 낯선 강아지 한 마리가 나타났다. 강아지는 목에 기다란 목줄을 매달고 있었다. 강아지는 그녀의 개들과 놀다가 사라졌다. 그리고 다음 날 아침 그 강아지가 다시 나타났다. 이후로 그런 일이 여러 번 일어났다. 강아지는 다정했고, 장난을 잘 쳤고, 늘 이빨로 물어뜯은 목줄을 하고 있었다. 당시 올리버는 다른 집으로 이사할 준비를 하고 있었고, 곧 정말로 이사를 갔다. 이사한 다음 날 그녀는 차를 몰고 예전에 살던 집으로 다시 가봤다. 아니나 다를까 그 강아지가 문 옆 풀밭에 누워 있었다. 올리버는 강아지를 차에 태우고 새집으로 가는 길을 알려주었다. "최선을 다해봐." 강아지는 잠시 머물다가 가버렸지만 다음 날 아침 새집에 용케도 나타났다. 여전히 목줄을 하고서. 그날 강아지 주인이 나타났다. "그 아이 이름은 새미예요……. 그리고 이제 당신네 강아지이고요."

이렇게 새미는 올리버와 함께 살게 되었다. 그런데 알고 보니 새미는 결코 집에만 있고 싶어 하는 강아지가 아니었다. 새미는 시내를 돌아다니기 시작했고 개 단속반에게 붙잡히기 일쑤였다. 그녀는 법정에 소환되었고 울타리를 만들라는 명령을 받았다. 그러나 새미는 이빨로 목줄을 물어뜯어 끊을 수 있을 뿐만 아니라 울타리도 기어오를 수 있었다. 새미는 계속해서 거리로 나갔다. 발길 닿는 대로 본능이 시키는 대로 사뿐사뿐 우아하게. 어쩌면 어떤 날은 꽃향기를 따라, 어떤 날은 구름을 따라, 어떤 날은 색색의 나비를 따라. 새미가 무슨 생각을 하면서 무엇을 따라갔는지 누가 알겠는가? 분명한 것은 새미는 개 단속반 말고는 아무하고도 말썽을 일으키지 않았고, 다른 개들과 싸우려고 하지도 않았다는 점이다. 새미는 그저 누군가의 마당에서 잠시 머물다가 친구를 사귀고 가능하면 주인과도 예의 바르게 인사를 나누는 듯했다. 사람들은 개 단속반 눈에 띄기 전에 새미를 데려가라고 올리버에게 연락하기 시작했다. 어떤 사람들은 새미를 자기 집으로 데리고 들어가 숨겨주기도 했다. 새미는 도시 반대편까지 간 적도 있다. 그날 새미를 발견한 사람은 올리버에게 "몇 분만 기다려줄 수 있어요? 스크램블드에그를 좀 먹이려고 만들고 있거든요"라고 말했다.

이외에도 새미에 대한 이야기는 많지만 '예상치 못했던 기쁜 결말'만 이야기한다면, 그 개 단속관이 사직했다는 것이다! 그리고 후임 단속관은 새미를 발견하면 자신의 트럭에 태워 올리버의 집으로 데려다주었다. 새미는 많은 친구들과 더불어 오래오래 행복한 삶을 살게 되었다는 것으로 올리버는 이야기를 끝맺으면서 한마디를 더한다. "이건 새미의 이야기다. 하지만 이 안 어딘가에 시도 한두 편 들어 있을 것이다……. 어쩌면 당신을 구속하고 있는 줄을 끊는다면 당신에게 일어날 수 있는 경이로운 일들에 대한 이야기일 수도 있다."

메리 올리버는 '시'라는 단어를 다른 현실, 경이로운 현실을 만드는 어떤 것이라고 생각한 셈이다. 이 시를 읽고 나자 나는 새미도, 새미를 돌봐준 사람들도 되고 싶어졌다. 새미가 되고 싶은 것은 새미가 목줄을 물어뜯을 줄 알았기 때문이다. 목줄을 물어뜯는 것은 도전해볼 가치가 있는 일이다. 목줄을 물어뜯어봐야만 '너 자신이 되어라!'라는 도전적인 지혜를 이해할 수 있다. 당신이 어떤 목줄을 물어뜯었는지가 당신이 누구인지를 말해줄 수 있을 것이다. 새미를 돌봐준 사람들이 되고 싶은 것은 그들이 새미를 행복하게 그리고 자유롭게 살도록 도왔기 때문이다. 내가 아는 한, 유사 이래 인류 최고의 기쁜 자기 발견은 바로 이것이다. "내가 너를 행복하게 했단 말이지, 대단하다!"

나는 시 속에서, 그리고 시적인 순간들을 만나면서 달라지고 싶다. 현실을 변신의 장소인 것처럼 살고 싶다. 특별한 이야기의 힘을 믿고 우리에게 마법 같은 힘이 있음을 믿고 세상에 기적이 존재함을 믿고 우리의 행동이 우리의 운명을 바꿀 수 있음을 감히 믿으면서 살고 싶다. 우리는 다른 사람이 달라질 수 있는 가능성을 믿어야 자신도 달라질 수 있다. 나는 그 가능성의 증거가 되고 싶다. "누가 그래? 내가 예전과 똑같은 사람이라고."

에필로그

우리의 좋은 결말을 위해서

우리의 좋은 결말을 위해서

『앞으로 올 사랑』을 출간한 지 몇 달 되지 않아 또 한 권의 책을 쓰는 것이 가능할까 싶었지만 이 글은 『앞으로 올 사랑』과 연결되어 있다. 사랑은 시작과 끝의 단어이자 행동의 단어이고, 둘 사이에 무슨 일이 벌어질지 궁금해하는 단어이다. 나는 우리가 앞날을 가슴을 두근거리면서 궁금해하길 바란다. 가슴 뛰는 곳에서 앞날을 시작하기 바란다(지난 몇 달간 이 글을 쓰면서 나는 '사랑하는 것들에 대해 수많은 방식으로 말하는 법을 발명하는 개발자'로 존재하는 즐거움을 맛보았다. 이것은 나의 수많은 정체성 중 내가 가장 좋아하는 정체성이다).

글을 쓰면서 나 자신에게 계속 물었다. 온갖 동물들이 멸종되는 이 시기에, 인간이 저지른 끔찍한 일들의 여파가 속출하는 이 시기에 굳이 '인간'을 가지고 무슨 이야기를 하려고 하는 거지? 하지만 어떤 미래가 오든 미래는 결국 인간의 손으로 만들어진다. 나는 다른 것은 몰라도 인간이 인간일 때 얼마나 우아할 수 있는지는 알고 있다. 그래서 인간이 지금과 다르게 존재하는 것이 얼마든지 가능하다는 것을 말하고 싶었다. 우리가 인간으로 태어난 것을 낭비하지 않는 게 가능하다는 것을 말하고 싶었다.

우리의 입은 크게 봐서 세 가지다. 먹는 입, 말하는 입, 사랑하는 입. 현재는 주로 먹는 입만 보여주는 시대다. 앞날에 출구가 없다고 느껴질 때 문화는 과하다 싶게 먹는 것에 몰두한다. 그러나 나는 이 글에서 말하는 입, 사랑하는 입에 대해서 말하고 싶었다. 『폴란드 기병』이란 소설에서 읽었던 한 문장이 어렴풋이 생각난다. 이 글의 취지에 맞게 변형해서 소개하면 이렇다.

"나는 네 입이 좋아. 네 숨소리가 좋아. 네가 그렇게 부드러운 이야기를 들려주니까."

"너 혹시 알고 하는 말이야? 내가 들려준 것이 너의 이야기란 것."

당신이 당신의 가장 멋진 점을 표현할 단어를 찾아내면 정말 좋겠다. 우리의 좋은 결말을 위해서 어떤 단어가 필요한지 찾아내면 정말 좋겠다. 우리가 언젠가 인간의 아름다움에 대해서 실컷 이야기할 수 있게 된다면 정말 좋겠다. 지금은 말이 있어야 할 자리에 공허와 잔인함이 있지만 언젠가 우리의 말과 의미가 아름다운 관계를 맺고 '우리가 말을 공유하고 있다니, 그런 멋진 일이 있다니'라고 느낄 만한 이야기가 많아지면 정말 좋겠다.

우리가 곧잘 그 사실을 진지하게 여기지 않지만 세상은 이야기로 이루어져 있다. 언제나 가장 좋은 이야기로 힘을 내고, 가장 좋은 이야기와 함께 여러 가지 압력에 맞서 싸우면서 따뜻하면서도 깊게 대담하면서도 섬세하게 살 수 있게 된다면 기쁠 것이다. 현실을 살되 마음 한쪽에 뭔가를 품고 현실의 일부분을 바꿀 수 있다면 기쁠 것이다. 저마다 이 문제 많은 현실의 '해결자의 목소리'가 된다면 기쁠 것이다. 우리가 가진 여러 모습 중 가장 좋은 모습이 우리의 미래가 된다면 정말 기쁠 것이다.

그때 잠시 땀을 닦으면서 당신을 당신으로 만든 이야기를 들려달라. 당신이 멈추지 않기 위해 필요로 했던 이야기도 들려달라. 두꺼운 고독을 뚫고 나오게 했던 존재에 대해서도 이야기해달라. 당신의 고유한 기쁨에 대해서도 말해달라. 나는 살아 있는 자의 귀로 듣겠다.

슬픈 세상의 기쁜 말

초판 1쇄　2021년 8월 5일
개정판 1쇄　2025년 10월 30일

지은이　정혜윤
펴낸이　이재현
편집　곽성하
디자인　오혜진(오와이이)
제작　세걸음

펴낸곳　녹스
출판등록　제2025-000066호
주소　경기도 파주시 돌곶이길 180-38 1층
전화　031. 942. 5635
팩스　031. 935. 0535
이메일　nox.et.libro@gmail.com
인스타그램　nox.et.libro
ISBN　979-11-994058-1-3 03810

© 정혜윤, 2025　*이 책의 일부 또는 전부를
사용하려면 반드시 저작권자와
출판사 양측의 동의를 얻어야 합니다.